SUPPLÉMENT N° 2

AU

de renseignements sur l'Organisation des Administrations de l'Union
et sur leurs services internes

JUIN 1925.

SYRIE ET GRAND-LIBAN
(1924)

I. ORGANISATION

Les Territoires sous mandat français sont constitués en deux Offices distincts et indépendants l'un de l'autre : celui du Grand-Liban, dont le siège est à Beyrouth et celui de la Fédération Syrienne, désigné sous le nom de l'Office de Syrie, dont le siège est à Damas ; ce dernier groupe a sous son administration les États de Damas, d'Alep, des Alaöuites, du Djebel Druze et le Sandjak d'Alexandrette.

Chacun des Gouvernements de la Fédération des États de Syrie et de l'État du Grand-Liban ont sur leurs territoires respectifs la gestion des services des postes et des télégraphes.

Les Offices de Syrie et du Grand-Liban ont une législation et une organisation communes pour tout ce qui concerne l'usage de leurs services des postes et des télégraphes par le public.

Une Inspection générale des postes et télégraphes, organe supérieur de surveillance et de contrôle, fonctionne à Beyrouth sous la haute autorité du Haut-Commissaire de la République Française en Syrie et au Liban.

Elle comprend un Inspecteur général, assisté d'un inspecteur-adjoint, de chefs de bureau, de rédacteurs, contrôleurs et commis d'ordre et de comptabilité.

Outre le contrôle permanent exercé, l'Inspecteur général est chargé des relations entre les Offices de Syrie et du Grand-Liban et les Administrations étrangères et le Bureau international de Berne.

Il y a, à la tête de chaque Office, un Directeur assisté d'un directeur-adjoint.

Le cadre supérieur comprend également des inspecteurs.

Le service intérieur est assuré par des rédacteurs et commis d'ordre.

Les bureaux se divisent en deux catégories :

1° les établissements de plein exercice assurant les opérations postales et télégraphiques ci-après désignées. — La comptabilité de chaque office est centralisée au chef-lieu par un receveur principal ;

2° les recettes-distributions chargées de la vente des timbres-poste, de l'expédition des correspondances ordinaires, et de leur distribution au guichet.

L'Administration des postes a dans ses attributions le service des mandats, du transport du numéraire en groupes, des lettres assurées et des colis postaux.

II. POSTE AUX LETTRES

Monopole : La Poste a le privilège exclusif du transport des lettres particulières, cachetées ou non cachetées, et généralement de tout objet manuscrit et de tout imprimé tenant lieu d'une correspondance personnelle ou générale.

Sont exceptées du monopole de la poste, les correspondances de service des Administrations publiques et celles expédiées par exprès entre particuliers. Pas de sanctions.

AFFRANCHISSEMENT. — ENVOIS ORDINAIRES

a) LETTRES ORDINAIRES ET PAQUETS CLOS, c'est-à-dire :

1º tous papiers manuscrits ou imprimés ayant un caractère de correspondance actuelle et personnelle ;

2º tous objets dont le mode de fermeture est tel qu'on ne puisse en vérifier le contenu sans briser ou détériorer l'enveloppe.

L'affranchissement est facultatif. Le poids ne doit pas dépasser 2 kilogrammes et les dimensions ne doivent pas être supérieures à 45 centimètres dans un sens quelconque ou, si elles ont la forme de rouleau, 75 centimètres de longueur et 10 centimètres de diamètre.

Les taxes sont fixées comme suit :

2 piastres syriennes jusqu'à 20 grammes

3 piastres syriennes de 20 à 50 grammes

4 piastres syriennes de 50 à 100 grammes

2 piastres syriennes par 100 grammes ou fraction excédant.

Les lettres non ou insuffisamment affranchies sont passibles d'une taxe double de l'insuffisance d'affranchissement.

b) Cartes-lettres. Mêmes taxes que pour les lettres ordinaires.

c) Cartes postales. Sont comprises dans cette catégorie :

1º cartes du modèle de l'Administration I. P. 50 ;

2º cartes illustrées ou non portant une mention manuscrite composée de 1 à 5 mots quelconques (comptés suivant les règles en usage dans le service télégraphique) au prix de 1 piastre syrienne et, au-dessus de 5 mots, au prix de 2 piastres syriennes.

Les dimensions sont de 10 à 14 centimètres de longueur sur 7 à 9 centimètres de largeur.

Il est interdit de joindre ou d'attacher aux cartes des objets quelconques, autres que les timbres d'affranchissement.

Toutefois, le nom et l'adresse du destinataire et de l'expéditeur peuvent figurer sur des étiquettes collées. Il est également permis d'appliquer des vignettes, des photographies ou des timbres de toutes espèces, à condition qu'ils soient complètement adhérents à la carte.

d) Imprimés périodiques ou non périodiques.

Journaux et publications périodiques : Pour bénéficier des taxes suivantes, les journaux et publications périodiques doivent paraître au moins une fois par mois.

Ces taxes sont :

dix centièmes de piastre syrienne jusqu'à 50 grammes ;

vingt-cinq centièmes de piastre syrienne de 50 à 100 grammes ;

vingt-cinq centièmes de piastre syrienne par 50 grammes ou fraction de 50 grammes.

La taxe des journaux s'effectue par exemplaire et non d'après le poids total du paquet.

Le poids maximum est de 3 kilogrammes.

Les dimensions sont de 45 centimètres sur chaque côté ; en rouleaux, 75 centimètres de long sur 10 centimètres de diamètre.

L'affranchissement est facultatif.

La taxe est double en cas de non-affranchissement par numéro ou exemplaire.

En cas d'affranchissement insuffisant, il est perçu une taxe égale au double de l'insuffisance constatée.

Les journaux et publications périodiques ne sont pas soumis à l'affranchissement en numéraire.

Toutes les annotations n'ayant pas le caractère de correspondance actuelle et personnelle sont permises sur les journaux et publications périodiques.

Imprimés non périodiques : On entend par cette dénomination les circulaires, catalogues, épreuves d'imprimerie, images, plans, cartes géographiques et dessins imprimés ou peints à la main, gravures, photographies, albums contenant des photographies, cartes de visite, tickets-primes envoyés par une maison de commerce à ses succursales.

Les tarifs sont les suivants :

dix centièmes de piastre syrienne jusqu'à 20 grammes ;

vingt-cinq centièmes de piastre syrienne de 20 à 50 grammes ;

soixante-quinze centièmes de piastre syrienne de 50 à 100 grammes ;

cinquante centièmes de piastre syrienne au-dessus de 100 grammes par 100 grammes ou fraction de 100 grammes excédant.

Le poids maximum est de 3 kg.

Mêmes dimensions que pour les lettres.

Mêmes dispositions que pour les journaux et publications périodiques en ce qui concerne le non-affranchissement, l'insuffisance d'affranchissement et les annotations permises.

Pour les cartes de visite portant une mention manuscrite composée de 5 mots (comptés suivant les règles en usage dans le service télégraphique), le tarif est de 1 piastre syrienne. Au-dessus de 5 mots, même taxe que pour les lettres.

Imprimés en relief à l'usage des aveugles : cinquante centièmes de piastre syrienne jusqu'à 100 grammes, 1 piastre syrienne de 100 à 500 grammes ; au-dessus de 500 grammes, 1 piastre syrienne par 500 grammes ou fraction de 500 grammes.

e) PAPIERS D'AFFAIRES OU DE COMMERCE. Mêmes taxes, poids et dimensions que pour les lettres. Toutefois, ne sont passibles que de la taxe de 1 piastre syrienne jusqu'à 20 grammes, les factures, bordereaux ou avis d'expédition, notes d'honoraires ne portant aucune mention personnelle.

f) ÉCHANTILLONS. Le tarif est de 2 piastres syriennes jusqu'à 100 grammes.

1 piastre syrienne par 100 grammes ou fraction de 100 grammes excédant.

Le poids maximum est de 500 grammes.

Les dimensions sont de :

30 centimètres en tous sens ou 45 centimètres de largeur à la condition que les deux autres dimensions ne dépassent pas 15 centimètres.

Les dimensions des échantillons d'étoffes collées sur carte peuvent atteindre 45 centimètres dans n'importe quel sens. Mêmes dispositions que pour les journaux et publications périodiques en ce qui concerne le non-affranchissement, l'insuffisance d'affranchissement et les annotations permises.

Sont exclus du transport, à titre d'échantillons, les objets qui ont une valeur marchande.

RECOMMANDATION

Objets recommandés. Peuvent être soumis à la formalité de la recommandation, les objets de correspondance de toute nature.

Les objets soumis à la recommandation doivent remplir les conditions de forme et de fermeture prévues pour la catégorie de correspondances à laquelle ils appartiennent.

La taxe de recommandation est de 2 piastres syriennes quelle que soit la nature de l'objet.

Il est interdit d'insérer dans les lettres recommandées de la monnaie ou des objets précieux.

La taxe d'un avis de réception est de 2 piastres syriennes au moment du dépôt de l'objet et de 4 piastres syriennes postérieurement au dépôt de l'objet.

POSTE RESTANTE

Objets adressés poste restante. Il est perçu une surtaxe fixe de 1 piastre syrienne par objet, payable, soit par l'expéditeur, soit par le destinataire.

Cette surtaxe est de cinquante centièmes de piastre syrienne par objet pour les journaux et écrits périodiques.

Si la surtaxe est acquittée par l'expéditeur, il y a lieu d'apposer sur l'objet cinquante centièmes de piastre syrienne ou 1 piastre syrienne en timbres-poste suivant le cas, en plus de l'affranchissement ordinaire.

Si la surtaxe est acquittée par le destinataire, le bureau d'arrivée appose sur l'objet un chiffre-taxe de cinquante centièmes de piastre syrienne ou de 1 piastre syrienne, suivant le cas.

CORRESPONDANCE INTÉRIEURE DANS UNE LOCALITÉ. Un tarif spécial et réduit est appliqué à la correspondance intérieure dans une localité, c'est-à-dire aux objets décrits ci-après et dont la distribution doit être effectuée dans la localité même où ils ont été déposés :

LETTRES ET PAQUETS CLOS :

1 piastre syrienne jusqu'à 20 grammes inclusivement ;

1 piastre syrienne 50 de 20 à 50 grammes inclusivement ;

1 piastre syrienne 75 de 50 à 100 grammes inclusivement ;

25 centièmes de piastre au-dessus de 100 grammes par 50 grammes ou fraction de 50 grammes.

Poids maximum : 3 kilogrammes.

CARTES POSTALES : 1 piastre syrienne pour toutes catégories.

CARTES DE VISITE : 50 centièmes de piastre pour toute mention manuscrite ne dépassant pas 5 mots ; 1 piastre syrienne pour toute mention manuscrite dépassant 5 mots.

CONCESSION DE BOITES A DOMICILE : L'installation et le relevage de boîtes postales à domicile peuvent être concédés moyennant le payement, par boîte, des redevances annuelles suivantes :

1° 500 piastres syriennes dans les villes de plus de 80.000 habitants ;

2° 375 piastres syriennes dans les villes de 20.000 à 80.000 habitants ;

3° 250 piastres syriennes dans les villes dont la population est inférieure à 20.000 habitants.

Le taux de ces diverses redevances est majoré de 50 piastres syriennes lorsque la boîte est située à plus de 20 mètres de l'entrée principale de l'habitation.

DISTRIBUTION

1° *Correspondances à distribuer par exprès* : Tous les objets quels qu'ils soient peuvent être distribués par

exprès et être déposés indifféremment à cet effet soit
au guichet des bureaux de poste, soit dans les boîtes aux
lettres. Ils doivent porter d'une façon très apparente,
sur l'enveloppe, la mention « Exprès ».

La distribution de ces envois, effectuée par porteurs
spéciaux, aussitôt l'arrivée et le dépouillement des
dépêches au bureau de poste destinataire, ne sera opérée
provisoirement que dans l'agglomération d'une localité
pourvue d'un bureau de poste.

Les correspondances soumises au tarif spécial et
réduit dans une même localité peuvent également être
remises par exprès aux destinataires.

La taxe supplémentaire d'affranchissement à
appliquer en timbres-poste est de 10 piastres syriennes.

Les objets portant la mention « Exprès » trouvés
dans les boîtes aux lettres et insuffisamment affranchis
sont acheminés sur leur destination dans les mêmes
conditions qu'un objet ordinaire et distribués comme tels.
Ils ne sont passibles de surtaxe que dans le cas où l'affranchissement ne représenterait pas la taxe due pour un
objet ordinaire de même poids.

2° *Distribution à domicile* : Est effectuée par des
facteurs dans les villes et villages.

3° *Distribution aux bureaux destinataires* : Sont distribuées aux guichets et au moyen de boîtes spéciales
les correspondances de toute nature qui ne sont pas distribuées à domicile.

La distribution au moyen de boîtes na[...]
dans les villes et localités importantes.

Le prix d'abonnement à une boîte spéciale[...]
400 piastres syriennes par an à Beyrouth, Dama[...]
et de 200 piastres syriennes par an dans les[...]
localités.

Timbres-poste : Les Administrations des poste[s]
Syrie et du Grand-Liban mettent à la disposition[...]
public :

1° des timbres de 10, 25, 50 et 75 centième[s]
piastre syrienne, 1 piastre, 1.25, 1.50, 2, 2.50, 3[...]
10, 25 piastres syriennes ;

2° des timbres-poste avion de 2, 3, 5 et 10 piast[res]
syriennes ;

3° des cartes postales de 1 piastre et 1.50 pias[tres]
syriennes ;

4° des cartes-lettres de 1 piastre et 2 pias[tres]
syriennes qui sont vendues par deux ou multiples d[e]
savoir celles à 1 piastre : 2 piastres syriennes 50 centiè[mes]
celles à 2 piastres : 4 piastres syriennes 50 centièmes[...]
deux ;

5° des chiffres-taxe de 50 centièmes, 1 piastre[,]
3 et 5 piastres syriennes.

Des particuliers tenant un commerce peuvent ê[tre]
autorisés à vendre des timbres-poste. Ils bénéfici[ent]
d'une remise de 5 % sur le produit de cette vente.

III. VALEURS DÉCLARÉES

Valeurs pouvant être assurées : Les valeurs suscep-
tibles d'être assurées moyennant déclaration préalable
sont :

dans les lettres : tous les papiers représentatifs d'une
valeur, tels que titres de ventes, actions, obligations,
traites, chèques, billets à ordre, billets de banque, bons,
coupons de dividende ou d'intérêts payables au porteur,
etc. ;

dans les boîtes : les bijoux et autres objets précieux.

Emballage : Les lettres contenant des valeurs déclarées doivent être présentées sous enveloppe scellée de
cachets en cire fine de même couleur, avec empreinte
particulière à l'envoyeur, en relief ou en creux, espacés
et placés de manière à retenir suffisamment tous les plis
de l'enveloppe.

Le nombre des cachets doit être de deux au moins ;

mais il peut être porté jusqu'à cinq et même au del[à]
la forme et les dimensions de l'enveloppe rende[nt]
nombre nécessaire pour assurer la sécurité du con[tenu]
L'emploi des enveloppes à bordure coloriée est inte[rdit]

Les boîtes contenant des valeurs déclarée[s]
présentées closes, elles doivent être en bois et suffis[am]-
ment résistantes ; leurs dimensions ne peuvent ex[céder]
30 centimètres en longueur, 10 en largeur et en hau[teur]
les parois des boîtes en bois doivent avoir au [moins]
8 millimètres d'épaisseur.

Les boîtes doivent être entourées d'un cro[...]
ficelle solide et sans nœud, scellé, sur les quatre [faces]
latérales, de cachets en cire réunissant les mêmes [condi]-
tions que celles exigées pour les lettres de valeur [décla]-
rée. Les deux autres faces doivent être garnie[s sur]
toute leur étendue, de feuilles de papier blanc y ad[hérant]
fortement destinées à recevoir, outre l'adresse [du desti]-
nataire et le montant de la valeur, l'affranc[hissement]

les timbres à date des bureaux de dépôt, de passe et de destination, et l'étiquette numérotée.

Adresse : Il n'est pas admis de lettres ou de boîtes contenant des valeurs déclarées adressées sous des initiales.

Déclaration de valeur : La limite de garantie des valeurs énumérées ci-dessus est fixée à 100 livres syriennes, et la déclaration ne peut en être reçue que jusqu'à concurrence de cette somme.

La déclaration des valeurs insérées dans les lettres ou dans les boîtes est portée à l'avance sur l'adresse, sans rature ni surcharge, même approuvées.

Le montant des valeurs est énoncé en toutes lettres, en livres et piastres syriennes, sans indication de leur nature.

Toute déclaration d'une valeur supérieure à la valeur réelle donne lieu, contre son auteur, à des poursuites devant la juridiction compétente.

Responsabilité : Sauf le cas de force majeure, l'Administration est responsable, jusqu'à concurrence du montant de la déclaration, et sans pouvoir dépasser le maximum autorisé, des valeurs déclarées insérées dans les lettres ou dans les boîtes.

Les Administrations ne sont tenues à aucune indemnité, en cas de perte ou de détérioration, résultant de la fracture des boîtes ne réunissant pas les conditions prescrites.

Le remboursement prévu ci-dessus est acquis, en principe, au destinataire de l'objet perdu ou spolié. Toutefois, à défaut de réclamation de la part du destinataire dans le délai d'un mois, à partir de la perte de l'objet, ou bien lorsque, en cas d'instruction judiciaire ou d'enquête administrative, le destinataire n'est pas intervenu au début, l'indemnité est payée à la personne qui justifie avoir fait le dépôt.

Les déclarations ne sont admises que dans un délai d'un an à partir du jour où les valeurs déclarées ont été déposées à la poste ; elles ne peuvent être examinées sans la production du récépissé de dépôt de l'objet.

Les Administrations, lorsqu'elles ont remboursé le montant des valeurs déclarées non parvenues à destination, sont subrogées dans tous les droits du propriétaire. Celui-ci est tenu de faire connaître aux Administrations, au moment où elles effectuent le remboursement, la nature des valeurs, ainsi que toutes les circonstances qui peuvent faciliter l'exercice utile de ses droits.

Les Administrations cessent d'être responsables des envois de valeur déclarée dont les ayants droit ont donné reçu.

Pour les envois adressés poste restante ou conservés en instance à la disposition des destinataires, la responsabilité de l'Administration est dégagée par la délivrance à une personne qui a justifié de son identité suivant les règles en vigueur et dont les nom et qualité sont conformes aux indications de l'adresse.

DISPOSITIONS SPÉCIALES

Dépôt : L'enregistrement des envois chargés au bureau de dépôt s'effectue sur le registre des lettres recommandées.

Les envois de valeur déclarée sont pesés très exactement, leur poids est indiqué à l'encre sur la partie supérieure de l'enveloppe ou de la boîte, au recto et à droite.

Le nom et l'adresse de l'expéditeur, le nom et l'adresse du destinataire, ainsi que la nature de l'objet (Ch. L. ou Ch. B.), le poids très exact et le montant de la valeur déclarée sont portés avec le plus grand soin sur le registre de dépôt et sur le récépissé remis au déposant. Cette dernière pièce, qui doit être remplie à l'encre et frappée du timbre à date, est signée lisiblement par l'agent du guichet.

Taxe : La taxe des lettres de valeur déclarée se compose :

1º de l'affranchissement d'un envoi ordinaire de même poids et de la même catégorie ;

2º d'un droit fixe de recommandation de 3 piastres syriennes par objet avec valeur déclarée ;

3º d'un droit d'assurance calculé à raison de 5 piastres syriennes par 25 livres syriennes ;

4º éventuellement de la surtaxe de 1 piastre syrienne pour les envois adressés poste restante.

Pour les boîtes de valeur déclarée, il est perçu jusqu'à 100 grammes 4 piastres syriennes, au-dessus de 100 grammes par 100 grammes ou fraction 2 piastres syriennes, plus les mêmes droits de recommandation et d'assurance que ceux perçus pour les lettres de la même catégorie.

Ces sommes payables d'avance sont représentées par des timbres-poste apposés sur l'envoi.

CORRESPONDANCES GREVÉES DE REMBOURSEMENT

Les objets recommandés de toute nature, ainsi que les lettres et les boîtes avec valeur, peuvent être grevés de remboursement. Le montant maximum du remboursement est fixé à 50 livres syriennes. Ce montant est distinct de la déclaration de valeur et les deux sommes peuvent être différentes. Toutefois, les bureaux non ouverts aux valeurs déclarées ne peuvent recevoir ces sortes d'envois, même avec la mention « contre remboursement ».

Les envois grevés de remboursement restent soumis à toutes les conditions de forme et de dimensions, applicables à la catégorie des objets à laquelle ils appartiennent, sous réserve des dispositions spéciales au remboursement. Ils doivent porter l'indication du montant du remboursement en chiffres et en toutes lettres, sans rature ni surcharge, même approuvées.

Taxes : a) affranchissement d'un envoi ordinaire de même poids et de la même catégorie ;

b) droit fixe de recommandation de 2 piastres syriennes pour un objet recommandé, 3 piastres syriennes pour un objet avec valeur déclarée ;

c) éventuellement pour les objets avec valeur déclarée le droit d'assurance applicable à cette catégorie de correspondances ;

d) éventuellement la surtaxe de 1 piastre syrienne pour les envois adressée poste restante.

Ces sommes sont représentées par des timbres-poste apposés sur l'envoi.

Prélèvements : Dès encaissement, le montant de chaque remboursement est converti en un mandat de poste établi au profit de l'expéditeur de l'objet, après les prélèvements ci-après :

1° droit de recouvrement calculé [...]

jusqu'à 5 livres syriennes : cinquante cen[...] piastre syrienne par livre ou fraction de livre ; de 5 livres syriennes et jusqu'à 25 livres [...] 3 piastres syriennes ;

au-dessus de 25 livres syriennes et jusqu'à [...] syriennes : 3 piastres syriennes 50 ;

2° droit de commission des mandats de po[ste].

Distribution : Tout envoi adressé poste rest[ante] ayant donné lieu à présentation à domicile et [n'a] pas été livré dans un délai de 7 jours, non comp[ris le jour] d'arrivée, est passible d'une taxe de 1 piastre syr[ienne] à la charge de l'expéditeur.

Les objets renvoyés à l'origine pour vice d'[adresse] ne sont pas assujettis à cette taxe.

Perte : La perte d'une correspondance gr[evée de] remboursement et recommandée, la perte ou la [spolia]tion d'une correspondance grevée de remboursement et portant déclaration de valeur, engagent la respon[sa]bilité des Administrations des postes dans les [mêmes] conditions que si la remise de l'objet ne deva[it] être suivie de remboursement.

Après livraison de l'envoi, les Administrations [sont] responsables envers l'expéditeur du montant du [rem]boursement et sont tenues de justifier de la trans[mission] au déposant de la somme encaissée.

IV. FRANCHISE POSTALE

La franchise est concédée aux correspondances échangées entre les fonctionnaires et autorités ressortissant des diverses Administrations d'État.

Cette franchise est concédée par arrêté du Haut-Commissaire.

Elle ressort soit de la qualité du destinataire, soit de celle de l'expéditeur, soit de celle des deux. La qualité du destinataire ressort du simple éno[ncé de] l'adresse ; celle de l'expéditeur est indiquée par l[...] de ses fonctions suivi de sa signature sur la suscr[iption] de la dépêche : c'est ce qui s'appelle contresei[ng. En] principe le contreseing doit être formulé à la mai[n].

V. MANDATS DE POSTE

Bureaux autorisés à émettre et à payer les mandats de poste : Tous les bureaux de plein exercice émettent et payent des mandats de poste.

Maximum : Le maximum d'un mandat de poste est de 250 livres syriennes.

Tarif : Les droits de commission des mandats de poste sont les suivants :

	Piastres syriennes
Jusqu'à 25 piastres syriennes	1
de 25 piastres syriennes 01 à 50 piastres syrienne[s]	
de 50 piastres syriennes 01 à 1 livre syrienne	
de 1 livre syrienne 01 à 2 livres syriennes	
de 2 livres syriennes 01 à 3 livres syriennes	
de 3 livres syriennes 01 à 5 livres syriennes	
de 5 livres syriennes 01 à 10 livres syriennes	
de 10 livres syriennes 01 à 20 livres syriennes	
de 20 livres syriennes 01 à 30 livres syriennes	
de 30 livres syriennes 01 à 40 livres syriennes	
de 40 livres syriennes 01 à 50 livres syrienn[es]	

Au-dessus de 50 livres syriennes, 10 piastres sy-
ennes pour les premières 50 livres syriennes de la
mme envoyée, plus 1 piastre syrienne par 10 livres
riennes ou fraction de 10 livres syriennes excédant.

Formules de mandats : Les mandats sont établis
ur les préposés sur formules détachées d'un registre à
uche et sur lesquelles sont mentionnées les indications
uivantes :

1º nom et résidence du destinataire ;

2º montant de la somme versée, en toutes lettres,
diquée en outre par des chiffres latéraux découpés de
anière à représenter ladite somme ;

3º nom du bureau payeur si le mandat excède 15
ures syriennes.

Il ne peut être délivré de mandats de poste au profit
e bénéficiaires désignés par des initiales ou par des
uméros.

Un espace est réservé au bas de la formule pour
ue l'expéditeur y inscrive, s'il le désire, son nom et son
dresse.

Le mandat et un récépissé de dépôt sont remis au
éposant avec invitation d'expédier le mandat au desti-
ataire et de conserver le récépissé pour assurer ses droits
u remboursement de la somme versée, en cas de perte
u de destruction du titre.

Les mandats dont le montant est supérieur à
5 livres syriennes donnent lieu à l'établissement d'un
vis d'émission envoyé directement au bureau payeur.

Mandats d'abonnement : Les sommes versées pour
bonnements aux journaux, revues, etc., sont converties
u mandats de poste ordinaires envoyés directement par
es bureaux de dépôt aux éditeurs des publications.

Délais de validité : Le délai de validité est de 2 mois.
orsque le titre est présenté au payement après expira-
ion de ce délai, il est envoyé au visa pour date et, de ce
ait, est passible d'une surtaxe égale à autant de fois le
montant du droit perçu qu'il s'est écoulé de périodes de
eux mois ou fraction de deux mois après expiration de
a durée de validité.

Payement : Les mandats sont payés contre acquit
onné par le bénéficiaire ou son représentant dûment
utorisé, au verso du titre.

Les personnes non connues du bureau payeur
doivent justifier de leur identité au moyen de pièces
authentiques ou par l'attestation de deux témoins connus du préposé.

MANDATS TÉLÉGRAPHIQUES

Les mandats de poste peuvent être transmis par le
télégraphe.

Une nomenclature indique au public les bureaux
de poste qui sont ouverts à ce service.

Maximum : Le montant maximum des mandats
télégraphiques est le même que celui des mandats de
poste, soit 250 livres syriennes.

Tarif : La taxe d'un mandat télégraphique se compose :

1º du droit de commission applicable à un mandat
de poste de même somme ;

2º de la taxe télégraphique ordinaire portant sur
le texte de la formule de transmission du mandat et, le
cas échéant, sur la correspondance adressée au bénéficiaire ;

3º du droit afférent à l'avis de payement, s'il y a
lieu ; ce droit est égal à la taxe d'un télégramme de cinq
mots, s'il a été demandé un avis télégraphique ; il est
égal au montant de l'affranchissement d'une lettre, s'il
a été demandé par la voie postale.

Les avis télégraphiques de payement demandés
postérieurement au dépôt des fonds ne seront acceptés
que comme « avis de service taxés » ordinaires ;

4º des frais accessoires afférents aux indications
éventuelles (réponse payée, exprès, etc.).

RESPONSABILITÉ : DISPOSITIONS COMMUNES AUX MANDATS
ORDINAIRES ET TÉLÉGRAPHIQUES.

Les Administrations sont responsables des sommes
expédiées au moyen de mandats ordinaires ou télégraphiques jusqu'au moment où elles ont été régulièrement
payées aux bénéficiaires ou à leurs représentants, ou
remboursées aux déposants.

VI. COLIS POSTAUX

Colis admis à l'expédition : Sont acceptés les colis
ostaux avec ou sans déclaration de valeur.

Ces colis peuvent être grevés de remboursement.

Poids et dimensions : Le maximum de poids est fixé
à 10 kilogrammes.

Le volume des colis ordinaires ne doit pas dépasser

55 décimètres cubes et leur plus grande dimension 1 m. 50.

Les colis encombrants, c'est-à-dire ceux dépassant les volume ou dimension susmentionnés, sont acceptés, moyennant une surtaxe de 50 % du tarif afférent à leur catégorie.

Tarif : Le tarif est différent suivant que les bureaux sont situés dans des localités desservies ou non par voie ferrée ou maritime.

Dans le premier cas, le tarif applicable est le suivant :

de 0 à 3 kg. : 15 piastres syriennes

de 3 à 5 kg. : 20 piastres syriennes

de 5 à 10 kg. : 30 piastres syriennes.

Les colis destinés à des localités non desservies par voie ferrée ou maritime sont soumis à une surtaxe dite kilométrique fixée ainsi par 2 kg. ou fraction de 2 kg. : de 0 à 80 km. : 0 piastre syrienne 50 par 20 km. ou fraction de 20 km. Minimum de perception : 3 piastres syriennes ; de 80 à 200 km. 0 piastre syrienne 50 par 40 km. ou fraction de 40 km. ; au-dessus de 200 km. : 0 piastre syrienne 50 par 100 km. ou fraction de 100 kilomètres.

Prohibitions : Il est interdit d'insérer dans les colis postaux :

1º des lettres ou notes ayant le caractère de correspondance ;

2º des espèces monnayées et des valeurs-papier ;

3º des stupéfiants, des matières explosibles ou inflammables ;

4º des insectes ou animaux vivants ou morts.

Conditions d'emballage : Les conditions d'emballage doivent répondre à la durée du transport et être telles qu'il soit impossible de soustraire tout ou partie du contenu, sans traces apparentes de violation.

Bulletin d'expédition : Un bulletin d'expédition établi par l'expéditeur doit accompagner chaque envoi présenté au guichet ; un seul bulletin d'expédition peut concerner trois colis ordinaires déposés par le même expéditeur à l'adresse d'un même destinataire, à condition toutefois que ces colis soient de la même catégorie.

Le bulletin d'expédition est soumis à un droit fiscal proportionnel au nombre de colis.

En cas de perte d'un bulletin d'expédition, un duplicata en est établi d'office par le bureau de destination.

Responsabilité : Sauf le cas de force majeure, toute perte, spoliation ou avarie d'un colis postal donne lieu au profit de l'expéditeur ou, à défaut, sur la demande

de celui-ci, du destinataire, au remboursement du montant de la perte ou de l'avarie à moins toutefois que dommage n'ait été causé par la faute ou la négligence de l'expéditeur ou ne provienne de la nature de l'objet et sans que l'indemnité puisse dépasser les taux suivants :

Pour un colis de 0 à 3 kilogrammes : 100 piastres syriennes.

Pour un colis de 3 à 5 kilogrammes : 150 piastres syriennes.

Pour un colis de 5 à 10 kilogrammes : 250 piastres syriennes.

Bureaux participant au service des colis postaux : Tous les bureaux de plein exercice participent au service des colis postaux sans déclaration de valeur. Les colis avec valeur déclarée sont acceptés seulement dans les établissements ouverts au service des valeurs déclarées.

Remise : Les colis postaux sont remis au guichet contre décharge donnée par le destinataire ou son représentant.

Récépissé et avis de réception : Un récépissé est remis, sans frais, à l'expéditeur au moment du dépôt d'un colis postal.

Un avis de réception peut être obtenu moyennant payement de la taxe d'une ou de deux lettres simples suivant que la demande est faite au moment du dépôt ou postérieurement à ce dépôt.

Retrait. Modification d'adresse. Réexpédition : L'expéditeur peut demander le retrait d'un colis postal ou modification de son adresse :

lorsque le colis n'a pas encore quitté le bureau d'origine, sur le vu du récépissé délivré par ce bureau et sur présentation de pièces d'identité ;

lorsque le colis a été expédié, moyennant production des pièces mentionnées au précédent alinéa ; la demande de retrait ou de rectification d'adresse est transmise par le bureau d'origine au bureau destinataire qui fait le nécessaire.

Dans les deux cas, le retrait donne lieu au remboursement de la taxe de transport, sauf, dans le dernier cas, de la taxe kilométrique, s'il y a lieu, déduction faite de la somme de 5 piastres syriennes qui reste acquise au Trésor.

En cas de changement de résidence du destinataire, les colis postaux peuvent être réexpédiés sur la nouvelle adresse moyennant payement de la surtaxe kilométrique, le cas échéant.

Droits de magasinage : Les colis ordinaires non

rés cinq jours après leur arrivée sont soumis à un droit de 2 piastres syriennes par jour.

Cette taxe est doublée pour les colis avec valeur déclarée.

Un délai supplémentaire de 3 jours est accordé aux destinataires résidant en dehors de la ville ou de l'agglomération, siège du bureau de poste. Les jours non ouvrables ne sont pas comptés dans ces délais.

Colis en souffrance. Rebuts : Les colis refusés par les destinataires sont renvoyés à l'expéditeur à l'expiration d'un délai de dix jours.

Ceux qui, pour une cause quelconque, n'ont pu être délivrés au destinataire donnent lieu à l'envoi, au bureau d'origine, qui en informe l'expéditeur, d'un avis de nonremise. Faute d'instructions de l'expéditeur, les colis sont renvoyés au bureau d'origine un mois après la date d'expédition de l'avis.

Les articles sujets à détérioration ou à corruption sont vendus immédiatement ou détruits selon le cas, même en cours de route, à l'aller comme au retour, sans avis préalable.

Le produit de la vente est remis à l'expéditeur ou, sur la demande de celui-ci, au destinataire, déduction faite des frais grevant l'envoi, s'il y a lieu. Lorsque ceux-ci sont supérieurs au produit de la vente, l'expéditeur est tenu de payer le complément.

Remboursements et déclaration de valeur. Maximum : Le montant maximum des remboursements est le même que celui fixé pour les mandats de poste. La valeur des envois peut être assurée jusqu'à concurrence de 500 livres syriennes.

Tarif :

1º *Colis avec valeur déclarée.* Le droit d'assurance des colis avec valeur déclarée est de 3 piastres syriennes par 25 livres syriennes ou fraction de 25 livres syriennes.

2º *Envois contre remboursement.* Les droits afférents aux colis contre remboursement se composent :

de la taxe de transport d'un colis de même poids pour la même destination ;

s'il y a lieu, du droit d'assurance (en cas de valeur déclarée).

Sur la somme versée par le destinataire du colis contre remboursement au profit de l'expéditeur de cet envoi, est retenu le droit de commission afférent au mandat établi pour liquider le montant du remboursement. Ce droit est le même que celui des mandats de poste ordinaires.

Le Règlement d'exécution de la Convention de Madrid est applicable aux envois dont il s'agit en ce qu'il n'a rien de contraire aux dispositions ci-dessus.

COLONIE BRITANNIQUE DE BORNÉO DU NORD
(1924)

I. ORGANISATION

Le service postal est exécuté par le General Post Office de Jesselton et par les bureaux secondaires de Sandakan, Kudat, Lahad Datu, Tawau, Beaufort et Tenom. Le Postmaster General a ses bureaux au General Post Office de Jesselton.

Tous les bureaux de poste sont ouverts au public de 9 heures 30 minutes du matin à 1 heure de l'après-midi et de 2 heures à 4 heures de l'après-midi (le samedi de 9 heures 30 du matin à 1 heure de l'après-midi seulement).

Les bureaux sont ouverts de 6 heures du matin à 6 heures du soir pour la réception et l'expédition des dépêches. Les heures fixées pour la fermeture des dépêches dans chaque bureau sont publiées par voie de circulaire. Les bureaux de poste sont fermés les dimanches et jours fériés, sauf pour l'ouverture et la fermeture des dépêches.

II. POSTE AUX LETTRES

Les envois admis au transport par la poste sont les lettres, les cartes postales, les imprimés, les papiers d'affaires et les échantillons de marchandises. Les taxes sont fixées comme suit :

Lettres, 3 cents jusqu'à 1 once et 2 cents par 2 onces ou fraction de 2 onces en sus.

Cartes postales : 2 cents.

Journaux, échantillons, imprimés et papiers d'affaires : 3 cents par 2 onces ou fraction de 2 onces.

Les lettres, les imprimés et les autres envois de la poste aux lettres ne doivent pas dépasser le poids de 4 livres 6 onces, ni mesurer plus de 18 pouces dans un sens quelconque ; pour les envois en forme de rouleau, les limites de dimensions sont 30 pouces en longueur et 4 pouces de diamètre.

Les journaux, les livres et les échantillons de marchandises ou les papiers d'affaires ne peuvent contenir aucune lettre, ni aucun manuscrit ayant le caractère d'une correspondance actuelle et personnelle et tous les envois doivent être conditionnés de telle sorte qu'ils puissent être facilement vérifiés. La taxe minima des papiers d'affaires est de 12 cents et celle des échantillons de 6 cents par envoi.

Tous les envois de la poste aux lettres peuvent être soumis à la formalité de la recommandation. Le droit de recommandation est de 12 cents. En cas de perte d'un envoi recommandé en cours de transport et aussi longtemps qu'il est entre les mains de la poste, l'expéditeur a droit à une indemnité de 50 francs.

Les envois recommandés doivent être déposés au guichet d'un bureau de poste contre remise d'un certificat de dépôt. L'expéditeur d'un envoi recommandé peut obtenir un avis de réception moyennant payement d'une taxe de 12 cents en sus de la taxe ordinaire d'affranchissement et du droit de recommandation, soit au moment du dépôt de son envoi, soit postérieurement à celui-ci.

Lorsqu'un envoi interne non distribuable porte extérieurement les noms et adresse complets de l'expéditeur, il est renvoyé à ce dernier directement et sans avoir été ouvert. Les autres envois internes non distribuables sont transmis au bureau des rebuts où ils sont ouverts et renvoyés, si possible, aux expéditeurs. Les envois de l'espèce qui ne contiennent ni l'adresse de l'expéditeur, ni aucun objet de valeur sont détruits.

Les envois autres que les envois recommandés peuvent être réexpédiés ou remis à la poste sans taxe additionnelle, pourvu qu'ils n'aient pas été ouverts et que la taxe originale payée suffise à couvrir les frais de port du premier bureau de dépôt au nouveau bureau destinataire. Les envois recommandés peuvent être réexpédiés sans taxe additionnelle aux conditions sus-indiquées lorsque la distribution n'a pas eu lieu.

Les timbres-poste des valeurs suivantes sont en usage dans l'État de Bornéo du Nord : 1 cent, 2, 3, 4, 5, 6, 8, 10, 12, 16, 20, 24, 25, 50 cents, 1 dollar, 2, 5 et 10 dollars.

Objets interdits. Les objets ci-après ne sont pas admis au transport comme envois de la poste aux lettres ordinaires ou recommandés, ou comme livres :

a) les imprimés, peintures, photographies, lithographies, gravures, livres, cartes, brochures indécents ou obscènes ou tout article portant, sur lui-même ou sur l'emballage, des mots, marques ou dessins d'un caractère obscène, indécent ou offensant ;

b) tout objet de nature à endommager le contenu d'un sac de correspondances.

Tout envoi de ce genre qui serait déposé pour la transmission serait refusé, ou, s'il était découvert en cours de transport, il serait retenu. Le contenu, dans ce dernier cas, est traité suivant les instructions que le Postmaster General jugerait à propos, et l'expéditeur est passible de poursuites.

III. MANDATS DE POSTE

Mandats ordinaires. Le montant maximum des mandats de poste internes est de 100 dollars. Aucun mandat ne peut comporter des fractions de cent.

La taxe est de 2 °/₀ avec un minimum de 10 cents par mandat. Lorsqu'un mandat a été émis, il est rendu à l'expéditeur pour être transmis au destinataire ; un avis d'émission est envoyé au bureau payeur par le bureau d'émission. Pour qu'un mandat puisse être payé il doit être dûment quittancé par le destinataire et le nom de l'expéditeur indiqué par ce dernier doit correspondre avec le nom figurant sur l'avis d'émission. L'expéditeur peut barrer le mandat émis par lui pour le faire payer par l'intermédiaire d'une banque.

Les mandats qui ne peuvent être ni payés aux destinataires, ni restitués aux expéditeurs parce que ceux-ci sont introuvables, sont périmés et leur montant est versé au Trésor. Si, ultérieurement, le destinataire ou l'expéditeur réclame le montant du titre périmé, le Postmaster General fait émettre un nouveau titre et en effectue le payement, à condition toutefois que la réclamation soit présentée avant l'expiration d'une année à compter de la date d'émission du mandat original.

Mandats télégraphiques. Des mandats télégraphiques peuvent être émis et payés par tous les bureaux de poste de l'État de Bornéo du Nord participant au service des mandats de poste.

La taxe d'un mandat télégraphique se compose :

a) de la taxe d'un mandat ordinaire ;

b) de la taxe du télégramme d'avis officiel destiné au bureau payeur.

Un certificat de dépôt est remis à l'expéditeur de tout mandat télégraphique. Aucun mandat télégraphique ne peut excéder la somme de 100 dollars, ni comprendre des fractions de cent.

L'expéditeur doit indiquer sur la formule d'émission si le mandat doit être remis à l'adresse du destinataire ou s'il doit être réclamé au bureau payeur. Dans le premier cas, l'adresse du destinataire doit être suffisamment précise pour permettre la distribution du titre.

IV. BONS DE POSTE

Bons de poste britanniques. Les bons de poste britanniques énumérés ci-après sont mis en vente dans l'Office de Bornéo du Nord, moyennant le droit de commission indiqué en regard de chaque catégorie :

Shillings	Pence	Dollars et cents	Shillings	Pence	Dollars et cents
—	6	0,20	4	0	1,83
1	0	0,51	5	0	2,26
1	6	0,72	10	0	4,41
2	0	0,94	10	6	4,62
2	6	1,15	20	0	8,73

On peut augmenter la valeur d'un bon en collant, au recto, des timbres-poste britanniques n'excédant pas 3 en nombre et 5 pence en valeur. Toutefois, il n'est pas permis de réaliser des fractions de penny. Les timbres collés en plus du nombre de trois ou en dehors de l'endroit qui leur est assigné ne sont pas pris en considération lors du payement du bon.

Les timbres perforés ou les timbres en relief découpés d'enveloppes, de cartes postales, etc., ne peuvent pas être collés sur les bons de poste.

Les timbres de Bornéo du Nord peuvent aussi être utilisés pour cet usage, dans des conditions analogues. Les équivalents sont : 1 penny = 4 cents ; 2 pence = 7 cents ; 3 pence = 11 cents ; 4 pence = 14 cents ; 5 pence = 18 cents.

Les bons de poste britanniques peuvent être payés dans tout bureau de mandats de Bornéo du Nord d'après l'équivalence de 2 shillings 4 pence au dollar (Straits Currency).

Si un bon de poste britannique n'est pas payé dans le délai de 3 mois à partir du dernier jour du mois de l'émission, il est fait application d'un second droit de commission égal au premier. Ce droit est payé en timbres-poste apposés au verso du bon. Les bons qui ne sont pas présentés au payement dans les six mois à dater du dernier jour du mois d'émission ne peuvent pas être payés sans en référer à Londres.

Le payement des bons de poste qui portent des ratures ou des modifications ou qui sont coupés, gâtés ou mutilés peut être refusé.

Bons de poste locaux. Des bons de poste locaux sont émis et payés dans tout bureau de poste ordinaire ou de district de Bornéo du Nord, pour les valeurs ci-après : 50 cents, 1 dollar et 5 dollars, moyennant un droit de commission de 1 cent, 2 cents et 10 cents respectivement.

Lorsqu'un bon de poste a été présenté au payement et que celui-ci a été effectué dans un bureau quelconque du district postal, le Gouvernement n'admettra plus aucune réclamation ultérieure pour le payement.

Si un bon de poste présenté au payement offre des signes évidents de rature ou d'altération, ou si le bon a été coupé, gâté ou mutilé, le Gouvernement se réserve le droit d'en refuser le payement.

Si un bon de poste n'est pas présenté au payement dans les trois mois à partir du dernier jour du mois de l'émission, un second droit de commission de 2 % est perçu, et ce droit est acquitté par des timbres-poste apposés au verso du bon.

V. COLIS POSTAUX

Taxes et poids. Des colis postaux du service interne sont admis jusqu'au poids de 11 livres. Les taxes sont les suivantes :

Jusqu'au poids de 3 livres inclus, 30 cents

jusqu'au poids de 7 livres inclus, 50 cents

jusqu'au poids de 11 livres inclus, 70 cents.

Dimensions. Les limites de dimensions sont : 3 pieds en longueur et 1 pied en largeur ou hauteur.

Déclaration de valeur. Les colis avec valeur déclarée sont admis jusqu'au montant de 50 dollars.

Déclarations en douane. Chaque colis doit être

accompagné d'une déclaration du contenu et de la valeur sur une formule réglementaire qui est fournie par tout bureau de poste. Un reçu est délivré à l'expéditeur d'un colis.

Indemnité. Sauf dans le cas de force majeure (par exemple : tempêtes, incendies, naufrages, etc.), le Postmaster General peut payer une indemnité de 50 francs, lorsqu'il lui paraît prouvé qu'un colis dûment enregistré a été entièrement perdu pendant qu'il était sous la garde du service postal. La demande d'indemnité doit être faite aussitôt que possible, et elle doit être accompagnée de détails complets sur le contenu et la valeur du colis, etc. Après l'expiration de 12 mois à partir du jour de la mise à la poste, aucune demande d'indemnité n'est admise par le Postmaster General.

Service local de remboursements. Des colis postaux contre remboursement sont admis aux conditions suivantes :

Il est perçu, outre l'affranchissement ordinaire et autres droits applicables au colis, un droit d'expédition 10 cents par 10 dollars ou fraction de 10 dollars à recouvrer.

Une taxe de distribution de 15 cents est perçue destinataire d'un colis contre remboursement.

Le montant du remboursement est transmis l'expéditeur par mandat de poste.

Les règlements concernant ce service sont analogues à ceux du service des remboursements entre l'État Bornéo et les Straits-Settlements, sauf que le montant du remboursement ne peut pas excéder 100 dollars et que l'échange a lieu seulement entre bureaux de poste possédant un service de mandats locaux.

IRAQ

(1924)

I. ORGANISATION

Le service postal de l'Iraq forme une Administration autonome. Il y a deux bureaux centraux à Bagdad et à Bassorah, 27 bureaux principaux et 41 bureaux secondaires.

Les deux bureaux centraux sont en même temps bureaux d'échange internationaux. Tous les bureaux participent aux opérations postales de toutes sortes (excepté le service des envois assurés et la caisse d'épargne) et sont directement responsables vis-à-vis de la direction, soit le Directeur général des postes et des télégraphes à Bagdad.

Les attributions de l'Administration comprennent outre le service des lettres, celui des colis, des articles d'argent et le service télégraphique.

II. POSTE AUX LETTRES

Lettres ordinaires. Les lettres sont soumises au monopole de l'Administration des postes.

Le payement de l'affranchissement pour toutes les lettres ordinaires est facultatif.

Les taxes des lettres affranchies sont : 2 annas pour le premier poids de 20 grammes et 1 anna par 20 grammes en sus ou fraction de 20 grammes.

En cas de non-affranchissement, une lettre est taxée, à la livraison, au double de l'affranchissement normal et, en cas d'insuffisance, au double de l'affranchissement manquant.

Les lettres non affranchies, avec ou sans enveloppe, doivent être fermées soigneusement par les expéditeurs, toute lettre de l'espèce trouvée ouverte à la poste étant envoyée au Service des rebuts pour être détruite.

Le poids maximum d'une lettre est fixée à 2 kg. et les dimensions ne doivent pas excéder 45 centimètres dans chaque sens. Maximum de dimensions pour les lettres en forme de rouleaux : 75 centimètres de longueur et 10 centimètres de diamètre.

Cartes postales. La taxe d'une carte postale simple est de 1 anna ; celle d'une carte avec réponse payée est de 2 annas.

Les cartes postales simples et avec réponse payée fabriquées par l'industrie privée sont admises dans le service interne, pourvu qu'elles soient munies de timbres-poste représentant le montant total de l'affranchissement et que leurs dimensions ne dépassent pas 14 centimètres sur 9 centimètres, et ne soient pas inférieures 10 centimètres sur 7 centimètres.

La moitié destinée à la réponse, dans une carte postale avec réponse payée, doit porter les mots « Carte postale » et « Réponse ». Tout ce qui est imprimé sur côté de l'adresse des cartes postales internationales est également autorisé sur le côté de l'adresse des cartes de l'industrie privée.

Une carte postale ne doit pas être pliée, coupée, ou altérée de toute autre manière, sauf que le timbre-poste imprimé (si tel est le cas) peut être perforé avec des initiales. Les cartes postales doivent être envoyées à découvert.

Si l'une des conditions mentionnées ci-dessus n'est pas remplie, la carte postale est traitée comme une lettre et taxée en conséquence, à la livraison.

En cas d'affranchissement insuffisant, les cartes postales sont dirigées sur le service des rebuts pour être détruites.

Imprimés et papiers d'affaires. L'affranchissement des imprimés et des papiers d'affaires est facultatif.

Le tarif est de 1/2 anna par 50 grammes ou fraction de 50 grammes.

Le poids maximum d'un paquet contenant des imprimés ou des papiers d'affaires est fixé à 2 kg. Les dimensions sont les mêmes que celles prévues pour les lettres.

Les envois d'imprimés ou de papiers d'affaires non affranchis ou insuffisamment affranchis sont taxés au double de l'insuffisance.

Un paquet d'imprimés ou de papiers d'affaires peut contenir l'un quelconque des articles suivants :

a) Journaux et publications de toutes sortes, livres, papier blanc ou imprimé, gravures, photographies, dessins, plans, etc.

b) Papiers d'affaires, écrits ou dessinés en totalité ou en partie à la main, tels que contrat, lettres de voiture, factures, devis, etc., et manuscrits de toutes sortes, émanant ou à destination de fonctionnaires publics dans l'exercice de leurs fonctions et n'ayant aucun caractère de correspondance personnelle.

c) Documents imprimés, entièrement ou en partie en imitation de la machine à écrire, et circulaires, par exemple les avis imprimés et les lettres imprimées.

Aucune communication en forme de lettre ou ayant le caractère d'une communication personnelle ne peut être jointe au contenu d'un paquet ni inscrite sur ce même contenu.

Un paquet d'imprimés ou de papiers d'affaires doit être mis à la poste sans enveloppe ou dans une enveloppe non close, ou muni d'un emballage pouvant être ouvert facilement pour les besoins de la vérification, sans avoir à briser de cachets, ni à déchirer un papier quelconque, ni à séparer aucune surface adhérente.

Lorsqu'un paquet ne remplit pas les conditions ci-dessus mentionnées, il est taxé, à la livraison, d'après le tarif des lettres ou des colis, aux conditions les plus économiques, pourvu, toutefois, que le tarif inférieur soit admissible.

Échantillons. L'affranchissement des échantillons est facultatif.

Le tarif est le même que celui des imprimés et des papiers d'affaires.

Le maximum de poids d'un échantillon est fixé à 500 grammes, et les dimensions ne doivent pas dépasser 30 centimètres de longueur, 20 centimètres de largeur et 10 centimètres d'épaisseur. Lorsqu'ils sont en forme de rouleaux, les dimensions maxima sont 30 centimètres de longueur et 15 centimètres de diamètre.

Les échantillons non affranchis et insuffisamment affranchis sont taxés au double de l'affranchissement manquant.

Un paquet d'échantillons peut contenir des échantillons expédiés *bona fide* ou des échantillons de marchandises n'ayant aucune valeur marchande, avec ou sans autre article pouvant être expédié comme imprimé. Un paquet d'échantillons ne doit porter, sur l'envoi ou à l'intérieur de l'envoi, aucune mention autre que le nom et l'adresse de la personne à qui l'objet est destiné.

Un envoi d'échantillons doit être mis à la poste sous enveloppe ou muni d'un emballage ouvert aux deux extrémités, ou dans un emballage non fermé ou pouvant être facilement ouvert de manière à permettre une vérification rapide du contenu.

Lorsqu'un échantillon est reconnu contraire aux conditions précitées, il est taxé, à la distribution, au tarif des lettres ou des colis, celui qui sera le plus faible, pourvu que le tarif le plus bas soit admissible.

Imprimés à l'usage spécial des aveugles. L'affranchissement des envois de l'espèce est facultatif.

La taxe est de 1/2 anna jusqu'à 500 grammes ; 1 anna au delà de 500 gr. jusqu'à 2.500 gr. et 2 annas au delà de 2.500 gr. jusqu'à 3 kg. (maximum).

Les dimensions maxima sont celles prévues pour les imprimés.

Les envois non ou insuffisamment affranchis sont taxés, à la livraison, au double de l'insuffisance. Ils ne doivent contenir que des articles imprimés spécialement à l'usage des aveugles à l'exclusion de toute autre communication écrite ou imprimée en caractères ordinaires, excepté une étiquette pour le retour du paquet. Ils doivent être mis à la poste, soit sans emballage, soit dans un emballage ouvert aux deux extrémités et pouvant être facilement déplacé pour les besoins de la vérification.

Les envois de l'espèce qui sont reconnus contraires

à ces dispositions sont taxés, à la distribution (à moins qu'ils soient assimilables à un paquet ordinaire) au tarif d'une lettre ou d'un colis, celui qui est estimé le plus faible.

Envois recommandés. La recommandation a pour objet de rendre plus sûre la transmission d'un envoi postal, étant donné qu'il est manipulé avec des précautions spéciales. La poste n'est, toutefois, pas responsable pour la perte d'un objet recommandé, ou pour tout dommage éprouvé par son contenu en cours de transport par la poste.

Tout objet de correspondance expédié par la poste peut être admis à la recommandation. L'affranchissement est obligatoire, et il doit avoir lieu au moyen de timbres-poste apposés sur les envois.

Le droit de recommandation est de 3 annas en sus de l'affranchissement ordinaire.

L'objet soumis à la recommandation doit être muni d'un emballage suffisamment solide et approprié à la nature du contenu, et il doit être fermé à la cire, à la colle ou au moyen de toute autre matière assurant l'adhérence. Il n'est pas suffisant de lier simplement le paquet avec une ficelle.

Cette règle ne s'applique naturellement pas aux cartes postales, livres, imprimés, échantillons, qui doivent être ouverts pour la vérification, qu'ils soient recommandés ou non. La charge d'emballer convenablement un envoi incombe à l'expéditeur, et la poste n'assume aucune responsabilité pour toute perte résultant de défectuosités qui n'auraient pas été remarquées au moment du dépôt.

Un envoi destiné à la recommandation doit être présenté à cet effet au bureau de poste. Un récépissé est délivré à l'expéditeur.

L'expéditeur d'un envoi recommandé peut obtenir un accusé de réception signé du destinataire en acquittant un droit supplémentaire de 1 anna. Il peut obtenir aussi une copie certifiée conforme du reçu primitif, signé par le destinataire, en acquittant un droit spécial de 3 annas, pourvu que la demande en soit faite dans les 6 mois qui suivent la date à laquelle le destinataire a signé le reçu primitif.

L'Administration peut accorder à l'expéditeur, seulement à titre de gracieuseté, mais sans que cela entraîne une obligation légale, une indemnité jusqu'au maximum de 25 roupies en cas de perte de toute lettre ou paquet du service interne, ou de son contenu, et pour le dommage occasionné à cet envoi en cours de transmission par la poste, dans certaines conditions.

Le double du droit de recommandation est perçu à la livraison de tout envoi postal pour lequel la recommandation a été demandée et sur lequel ne figure pas l'affranchissement correspondant au droit de recommandation.

Réexpédition. Un envoi postal qui ne peut pas être distribué par le bureau de poste auquel il est adressé, en raison du changement d'adresse du destinataire, peut être réexpédié sans frais, à tout autre bureau de poste, pour lui être délivré.

Mais lorsqu'un envoi postal, ou un avis d'arrivée a une fois été remis au destinataire par la poste, cet envoi ne sera plus réexpédié à son adresse dans une autre localité.

Un envoi postal ne peut pas être retenu et réexpédié en cours de transmission, mais seulement par le bureau de poste auquel il est adressé.

Un envoi déposé à nouveau à la poste après avoir été ouvert, ou déposé à un bureau quelconque autre que celui par lequel il avait été distribué, sera traité comme un objet expédié pour la première fois, et devra être affranchi en conséquence.

Poste restante. La poste restante est destinée seulement à la commodité des étrangers et des voyageurs, et ils ne peuvent même faire usage de la poste restante pendant plus de trois mois.

Les envois internes adressés poste restante sont conservés dans les bureaux pendant quinze jours, et ceux provenant de l'étranger pendant deux mois. A l'expiration des périodes en question, les objets sont traités comme non réclamés et adressés au bureau des rebuts pour en disposer conformément aux règlements.

Correspondance non distribuée. Les objets dont l'adresse est illisible ou incomplète et dont la distribution est impossible sont immédiatement envoyés au bureau des rebuts.

Les envois dont les destinataires ne sont pas connus ou ont quitté la localité sans laisser leur nouvelle adresse au bureau de poste, sont généralement conservés en dépôt pendant une période de 7 jours, après lesquels ils sont envoyés au bureau des rebuts pour la suite réglementaire.

Au bureau des rebuts, tous ces objets sont ouverts en vue de rechercher le nom et l'adresse de l'expéditeur. Si ces renseignements peuvent être obtenus, l'envoi est retourné au bureau de dépôt pour être remis à l'expéditeur. Si l'ouverture de l'objet ne fournit aucune information, l'envoi est retenu pendant la période réglementaire et ensuite détruit.

Toutes valeurs ou espèces trouvées dans les correspondances en question sont portées au crédit du Gouvernement.

L'expéditeur est tenu de payer tout affranchissement ou autre somme dû pour un envoi non délivré ou refusé, qui lui est retourné par la poste.

Timbres-poste. L'Administration vend au public des timbres-poste ordinaires de 1/2, 1 anna, 1 1/2, 2, 3, 4, 6, 8 annas, 1 roupie, 2, 5 et 10 roupies.

Timbres du service de l'État vendus à tous les Départements de l'État pour la correspondance officielle expédiée par eux : 1/2, 1 anna, 1 1/2, 2, 3, 4, 6, 8 annas, 1 roupie, 2, 5, et 10 roupies. La correspondance de l'espèce doit être dûment affranchie par un fonctionnaire responsable du Département expéditeur.

Les timbres du service de l'État apposés sur la correspondance privée ne sont pas reconnus valables pour l'affranchissement. La correspondance en question sera traitée comme non affranchie et taxée, à la livraison, au double de l'affranchissement réglementaire.

Les timbres-poste et les timbres de service indiens, portant la surcharge « Kuwait » sont vendus par le bureau de poste de Kuwait au public et aux Départements de l'État. Ils correspondent aux dénominations suivantes :
Timbres-poste ordinaires : 1/2, 1 anna, 1 1/2, 2, 2 1/2, 3, 4, 6, 8, 12 annas, 1 roupie, 2, 5 et 10 roupies.
Timbres de service : 1/2, 1 anna, 1 1/2, 2, 2 1/2, 3, 4, 8 annas, 1 roupie, 2, 5, 10 et 15 roupies.

Distribution. Tous les envois reçus par la poste sont distribués par des facteurs au domicile ou au bureau d'affaires du destinataire.

Toute personne dont le domicile est compris dans le rayon ordinaire de distribution d'un facteur peut prendre livraison sans frais, au guichet d'un bureau de poste, de toutes les correspondances à elle adressées, pourvu que les objets soient remis à découvert et que la demande en ait été faite par écrit au bureau de poste.

Aux bureaux centraux de Bassorah et de Bagdad, il existe des arrangements spéciaux, d'après lesquels on peut prendre livraison dans des boîtes d'abonnés, des correspondances ordinaires dûment affranchies. Le droit de location de ces boîtes est de 2 roupies par mois.

Le détenteur d'une boîte d'abonné peut aussi recevoir la correspondance ordinaire et complètement affranchie dans un sac fermant à clef, avant qu'elle puisse être placée dans les boîtes postales en question, pourvu que l'intéressé acquitte le prix des deux sacs qui seront nécessaires dans ce but.

III. REMBOURSEMENTS

Le service des remboursements permet de percevoir du destinataire, au profit de l'expéditeur, la valeur des objets expédiés par la poste.

Les lettres, les petits paquets et les colis recommandés peuvent être grevés de remboursement dans le service interne.

Aucun remboursement ne peut dépasser la somme de 1000 roupies, ni comprendre des fractions d'anna.

Les envois grevés de remboursement peuvent, à peu d'exceptions près, être remis à la poste à n'importe quel bureau chargé du service des mandats de poste à destination d'un bureau quelconque également apte au service des mandats.

L'expéditeur d'un envoi grevé de remboursement doit déclarer que son envoi est expédié en exécution d'une commande faite de bonne foi.

Chaque envoi destiné à être expédié contre remboursement doit être présenté au guichet de la poste accompagné d'une formule imprimée réglementaire dans laquelle l'expéditeur indique la somme à lui remettre, fournit les renseignements que comporte la formule et fait la déclaration requise. L'expéditeur doit aussi indiquer sur le recto de l'envoi et d'une façon très claire :

a). à l'angle gauche supérieur, les lettres V. P. (*value payable*-remboursement) et le montant en toutes lettres et en chiffres de la somme à lui remettre ;

b) à l'angle gauche inférieur, son nom et son adresse complète.

Un récépissé dans la forme prescrite est remis à l'expéditeur de tout envoi grevé de remboursement.

Le destinataire d'un envoi contre remboursement doit signer un reçu dans la forme prescrite et payer la somme indiquée par l'expéditeur, plus une taxe égale à celle d'un mandat de poste du même montant.

Si le destinataire refuse l'envoi ou si, après réception d'un avis d'arrivée, il néglige d'en demander la livraison dans les limites prescrites, ledit envoi est renvoyé à l'expéditeur qui doit payer les taxes dont il peut être grevé.

La poste n'assume une responsabilité pour les montants à recouvrer, suivant les indications des expéditeurs, que si ces montants ont été encaissés des destinataires.

IV. MANDATS DE POSTE

Mandats ordinaires. Tous les bureaux de poste, à l'exception de quelques bureaux succursales, sont ouverts au service des mandats de poste internes.

Le montant d'un mandat ne peut ni dépasser la somme de 600 roupies, ni comprendre des fractions d'anna ; il n'est fait d'exception à cette règle que pour les mandats adressés à un Département gouvernemental ou émis par lui.

La taxe des mandats est de 2 annas par 10 roupies ou fraction de 10 roupies.

L'expéditeur d'un mandat doit indiquer à l'encre, sur une formule qui lui est remise par le bureau de poste, le montant du mandat, le nom en entier et l'adresse complète du destinataire, ainsi que son nom et son adresse. Toutes ces indications doivent être faites en langue arabe ou anglaise d'une façon très lisible. La formule ainsi remplie doit être présentée au guichet du bureau des postes pendant les heures réglementaires avec le montant et la taxe du mandat.

Un reçu du montant du mandat et de la taxe payée est remis à l'expéditeur.

L'expéditeur peut obtenir un avis de payement signé par le destinataire moyennant payement d'une taxe supplémentaire de 1 anna, qui doit être représentée en timbre-poste sur la formule de mandat.

Les mandats ne sont payés qu'au domicile du destinataire. En cas de changement de résidence du destinataire, le mandat est réexpédié sans frais sur la nouvelle adresse lorsque le bureau de poste de la destination primitive est en possession d'instructions données par écrit par l'intéressé.

L'Office des postes n'est pas responsable du payement d'un mandat à une mauvaise adresse lorsque l'erreur est la conséquence d'un renseignement incorrect ou incomplet fourni par l'expéditeur sur le nom et l'adresse du destinataire ; il n'est pas responsable non plus si un mandat est refusé ou retardé par suite d'une négligence, omission ou erreur accidentelle quelconque due à un agent des postes ou si un mandat est payé par erreur après l'expiration d'un an à compter de la date d'émission du titre.

Mandats télégraphiques. A quelques exceptions près, tous les bureaux de poste aptes au service des mandats de poste peuvent émettre et payer des mandats télégraphiques.

Le montant d'un mandat télégraphique ne doit pas dépasser la somme de 600 roupies, ni comprendre une fraction de roupie.

La taxe d'un mandat télégraphique se compose de la taxe d'un mandat ordinaire, et de la taxe télégraphique pour le nombre de mots qui figure dans le télégramme d'avis.

Dans la formule de mandat à remettre au bureau de poste, les mots « par télégraphe » doivent être ajoutés en travers de la formule.

Pour tout mandat télégraphique, l'expéditeur reçoit un reçu indiquant le montant total payé par lui, le nom du bénéficiaire et l'heure à laquelle le mandat télégraphique a été remis au bureau de poste.

L'expéditeur d'un mandat télégraphique peut obtenir un avis de payement signé par le destinataire, moyennant payement d'une taxe de 1 anna qui doit être représentée en timbres-poste sur la formule du mandat.

La réexpédition des mandats télégraphiques par la voie postale a lieu sans frais si le destinataire a donné des instructions par écrit au bureau de poste destinataire original.

Bons de poste britanniques. Des bons de poste britanniques sont vendus par les bureaux de l'Iraq.

Les bons de poste émis en Grande-Bretagne ou dans n'importe quelle possession britannique sont payés sur présentation aux bureaux de poste spécialement désignés à cet effet. Les bons barrés ne sont toutefois payés que s'ils sont présentés par l'intermédiaire d'une banque.

Les bons sont payés en monnaie indienne au cours du change qui est fixé de temps à autre.

Le payement est refusé lorsque les bons portent des ratures ou des surcharges, ou lorsqu'ils sont incomplets, coupés, défigurés ou mutilés.

Les bons britanniques doivent être présentés au payement dans les trois mois qui suivent celui de leur émission ; les bons présentés après ce délai sont passibles d'une nouvelle taxe égale à la taxe originale payée par l'acheteur ; cette taxe additionnelle doit être représentée en timbres-poste collés au verso du bon.

Les bons britanniques présentés au payement plus de six mois après le dernier jour du mois de leur émission ne sont payés que sur une autorisation du bureau central de Londres.

La responsabilité de l'Office des postes cesse par le payement au porteur de tout bon de poste britannique.

V. COLIS POSTAUX

L'affranchissement des colis postaux est obligatoire ; la taxe se compose de la taxe d'affranchissement proprement dite et du droit de recommandation. Ces taxes doivent être représentées en timbres-poste collés sur l'envoi.

La taxe est de 4 annas jusqu'à 250 grammes (1/2 lb.) de 6 annas jusqu'à 500 grammes (1 lb.) et de 6 annas par 500 grammes ou fraction de 500 grammes en sus.

Tous les colis doivent être recommandés ; le droit de recommandation est de 3 annas.

Aucun colis ne peut dépasser le poids de 10 kilogrammes (20 lb).

Les dimensions, la forme et l'emballage des colis doivent être tels que le transport puisse être effectué sans risque et sans aucun inconvénient.

En sus de la taxe ordinaire et du droit de recommandation, il est perçu une taxe de 4 annas pour tout colis originaire ou à destination d'une localité qui n'est pas desservie directement par une gare de chemin de fer de l'Iraq.

Tout objet non frappé d'interdiction peut être expédié sous forme de colis postal. Un colis ne peut contenir qu'une seule communication manuscrite ayant le caractère d'une lettre adressée au destinataire du colis même.

Les colis doivent être emballés dans des boîtes ou dans un papier suffisamment fort de façon à préserver leur contenu de toute perte, de tout dommage et de toute spoliation en cours de transport ; ils doivent aussi être conditionnés de telle sorte qu'ils ne puissent endommager d'autres envois postaux.

Les expéditeurs sont tenus de veiller eux-mêmes à ce que les colis soient bien emballés, la poste n'assume aucune responsabilité pour les pertes dues à des défauts d'emballage non observés au moment du dépôt.

Tout colis destiné à être transmis par la poste doit être remis au guichet du bureau des postes contre remise d'une quittance réglementaire.

Les objets énumérés ci-après sont exclus du transport sous forme de colis dans le service externe :

1) les imprimés, peintures, etc., indécents ou obscènes et tous autres objets indécents ou obscènes ;

2) les objets qui portent des mots, des marques ou des dessins d'un caractère indécent, obscène, séditieux ou grossièrement offensant ;

3) les matières explosibles, dangereuses, sales, nocives ou délétères ;

4) les instruments tranchants non suffisamment protégés ;

5) les animaux vivants de toute espèce qui pourraient endommager les envois postaux ou blesser les agents des postes ;

6) les circulaires concernant des loteries ;

7) les monnaies d'or et les lingots d'or ;

8) les objets qui répandent une forte odeur (par exemple *assifaetida*), à moins d'être placés dans un récipient fermé hermétiquement ;

9) tout objet expédié en contravention des décrets en vigueur au moment de son envoi.

Les colis devant être frappés de l'empreinte du timbre à date d'au moins deux bureaux de poste et devant en outre supporter beaucoup de pression et de frottement dans les sacs en cours de transport, il est recommandé aux expéditeurs d'emballer solidement les objets qui pourraient souffrir de la pression ou du frottement. L'Office des postes ne prend aucune précaution spéciale pour protéger les objets fragiles.

L'Administration peut payer à l'expéditeur, à titre de faveur et non en vertu d'une obligation que lui imposerait la loi, une indemnité de 25 roupies au maximum pour la perte d'un colis postal ou de son contenu, ainsi que pour tout dommage causé à un colis en cours de transport par la poste lorsque toutes les dispositions réglementaires ont été observées.

La poste de l'Iraq n'exécute ni le service des valeurs déclarées, ni celui de la Caisse d'épargne postale.

UNION DES RÉPUBLIQUES SOVIÉTISTES SOCIALISTES

(1925)

I. ORGANISATION

L'Administration des postes, télégraphes, téléphones et sans fil de l'U.R.S.S. relève du Commissariat des postes et télégraphes (Narkompotchtel), sis à Moscou.

Le Commissariat assume :

a) L'élaboration des projets de lois concernant les P.T.T. de l'U.R.S.S. ;

b) l'équipement et l'exploitation des postes, télégraphes, téléphones et T.S.F. ;

c) l'ouverture, la suppression et le transfert des bureaux ;

d) l'organisation du service postal et le transport ferroviaire, fluvial, aérien, pneumatique et terrestre de la correspondance ;

e) le soin d'ajuster et d'instruire les travaux des autres organes dans le domaine de l'exploitation des P.T.T. et T.S.F. ;

f) la surveillance des réseaux de haute tension en vue de protéger contre leur influence les installations télégraphiques, radioélectriques et téléphoniques relevant de son ressort ;

g) l'élaboration des taxes de toute catégorie et leur rapport pour ratification selon l'ordre établi ;

h) l'extension des échanges postaux, télégraphiques, téléphoniques et radioélectriques universels sur la base des Conventions internationales.

Conformément à la constitution de l'U.R.S.S., un plénipotentiaire du Commissariat des postes et télégraphes est délégué comme membre au Conseil des Commissaires du Peuple de chacune des républiques faisant partie de l'Union, dont le territoire est divisé en 20 districts des P.T.T., savoir :

DÉSIGNATION DES DISTRICTS.	SIÈGE DES ADMINISTRATIONS.
1. Nord-Ouest	Léningrad
2. Nord	Vologda
3. Haute-Volga	Nijni-Novgorod
4. Oural	Sverdlovsk
5. Volga-Inférieure	Saratov
6. Volga-Moyenne	Samara
7. Volga-Kama	Kazan
8. Moscou	Moscou
9. Voronège	Voronège
10. Ouest	Smolensk
11. Sibérie Orientale	Irkoutsk
12. Sibérie Centrale	Novo-Nikolaevsk
13. Asie Centrale	Tachkent
14. Kirghiz	Orenbourg
15. Transcaucasien	Tiflis
16. Sud-Est	Rostov-Don
17. Mer Noire	Odessa
18. Kharkov	Kharkov
19. Kiev	Kiev
20. Extrême-Oriental	Khabarovsk

Les changements administratifs dus à la formation de l'Union des Républiques Soviétistes Socialistes entraînèrent une grande individualisation des P. T. T.

attachés à chacune des républiques qui la composent, leur organisme restant, toutefois, subordonné au Commissariat du Peuple des postes et des télégraphes. En outre, le souci permanent du Commissariat est de rendre ses divers services autant que possible accessibles aux masses populaires et il s'en est suivi l'établissement d'un grand nombre de postes rurales dites « factages mobiles ». Ces deux influences ont considérablement accru le réseau des P. T. T., comme on peut s'en rendre compte d'après le tableau suivant :

	1913	janvier 1925
Bureaux de poste et postaux-télégraphiques.	1.346	917
Recettes { postales	1.396	1.768
Recettes { postales-télégraphiques et postales-téléphoniques.	2.335	3.728
Établissements ferroviaires.	135	135
Recettes auxiliaires :		
a) agences rurales.	3.776	3.976
b) distributions ferroviaires ..	3.392	2.635
Factages mobiles.	n'existaient pas	3.315
En tout :	12.380	16.474

A cette liste, il faut ajouter, d'abord les deux postes, dites « Centrales », de Moscou et Léningrad ; de plus, un grand nombre de gares où des personnes étrangères à l'Administration, le plus souvent des cheminots, se chargent de garder la correspondance jusqu'à sa réclamation par les destinataires.

Les recettes auxiliaires fonctionnent dans les villages et dans les gares. Revenant à peu de frais, elles mettent les P.T.T. en contact immédiat avec la paysannerie. Elles sont de trois catégories. Celles de la 1re catégorie acceptent et délivrent les lettres ordinaires et recommandées, les colis sans valeur et les envois assurés pour une valeur ne dépassant pas 300 roubles ; celles de la 2e catégorie acceptent et délivrent seulement les lettres ordinaires et recommandées et les colis sans valeur ; celles de la 3e catégorie assument la vente des timbres-poste, la levée des boîtes, la distribution des lettres ordinaires à leur guichet.

La distribution et la recette à domicile sont pratiquées dans les campagnes par factages mobiles, suivant des horaires et des itinéraires fixes, de façon à distribuer et recueillir les envois de toute catégorie. Les facteurs préposés à ce service vendent des timbres et des formules de poste, reçoivent les souscriptions aux journaux et revues, effectuent en un mot toutes les opérations postales. Leurs points de station sont au nombre de 25.606. Ils y font halte d'une demi-heure à une heure.

A la date du 15 janvier 1925, la longueur totale des itinéraires postaux atteignait 377.575 kilomètres (251.587 kilomètres d'itinéraires sur routes, 75.985 ferroviaires, 44.167 fluviaux et maritimes, 5.836 aériens), soit, par rapport à 1913, une importante augmentation.

II. POSTE AUX LETTRES

Monopole. Le monopole postal s'étend au transport des lettres ordinaires et recommandées y compris les cartes postales et les cartes-lettres, des lettres avec valeur déclarée et des envois sous bande ordinaires et recommandés.

Lettres ordinaires. Le poids de 20 grammes par lettre est pris comme unité. Le poids des lettres ordinaires n'est pas limité pour le rayon général.

Il est limité à 400 grammes pour le rayon local (urbain).

Toutes les dimensions sont admises, pourvu que les lettres se prêtent à la transmission par la voie postale.

La taxe est fixée comme suit :

Rayon général : 7 kopecks pour les premiers 20 grammes et 5 kopecks par 20 grammes ou fraction de 20 grammes additionnels.

Rayon local : 4 kopecks jusqu'à 20 grammes ; si le poids dépasse 20 grammes, la taxe est de 2 kopecks par chaque 20 grammes ou fraction de 20 grammes additionnels.

Rayon urbain, à Léningrad et Moscou : 5 kopecks jusqu'à 20 grammes et 3 kopecks pour chaque 20 grammes ou fraction de 20 grammes additionnels.

Cartes postales. La taxe d'une carte postale simple est, pour le rayon général aussi bien que pour le rayon local, de 3 kopecks.

Les institutions d'État et les particuliers sont autorisés à confectionner des cartes postales ayant les mêmes dimensions, le même format, la même épaisseur et le même libellé que celles émises par l'Administration des postes et des télégraphes. Le papier de ces cartes doit être d'une nuance claire et le recto réservé aux timbres et indications de service. Le monopole des cartes postales-réclames est réservé au Commissariat du Peuple des postes et des télégraphes en toute exclusivité.

Il est interdit de joindre, coller ou attacher aux cartes postales des objets quelconques, sauf :

a) Sur le recto, des étiquettes gommées indicatives du nom de l'expéditeur ou du destinataire, sans toutefois que leurs dimensions puissent dépasser 5 centimètres de long sur 2 centimètres de large ;

b) sur le verso, des étiquettes découpées des bandes de publications périodiques et portant le nom et l'adresse de l'abonné, lorsque ces étiquettes sont adressées de cette manière à des administrations de journaux ou revues, ou par elles aux abonnés.

Journaux et publications périodiques. L'abonnement par l'intermédiaire de la poste aux journaux et autres publications périodiques est pratiqué.

La taxe est 1/5 de celle perçue pour les envois sous bande, mais payable un mois à l'avance.

Les suppléments n'ayant avec le journal aucun rapport direct sont taxés d'après le tarif affecté aux envois sous bande.

Pour transport en dépêches, la taxe des journaux est majorée de 0,05 kopeck par exemplaire, lorsque le prix d'abonnement est supérieur à 1 rouble par mois et de 0,025 kopeck lorsqu'il est inférieur à 1 rouble.

Les mêmes taxes réduites sont perçues pour la remise à destination des publications périodiques dans le rayon local des villes mêmes où elles sont publiées.

Imprimés autres que les journaux. Sont considérés comme imprimés et taxés à ce titre tous textes ou reproductions tirés sur papier, parchemin ou carton, par un procédé mécanique quelconque, tels que : publications périodiques, ouvrages de littérature et partitions musicales, brochés ou reliés, cartes de visite ou d'invitation, etc., épreuves d'imprimerie et manuscrits s'y rapportant, gravures, photographies, plans, cartes géographiques, prix courants, annonces, albums, étampages de signes ou caractères en relief pour aveugles. Exception est faite pour les textes dactylographiés et les doubles obtenus au moyen de la presse à copier, lesquels ne sont pas considérés comme imprimés.

L'affranchissement intégral des imprimés adressés aux administrations de l'État est obligatoire. Les envois non ou insuffisamment affranchis ne sont pas transmis.

Ne sont pas admis à jouir de la modération de port les formules d'affranchissement oblitérées ou non, ni les imprimés constituant le signe représentatif d'une valeur.

L'enveloppe, bande ou étui contenant un envoi d'imprimés, doit être conditionné de manière à ce que le contenu puisse être facilement vérifié. Est interdite l'insertion dans les paquets ou rouleaux d'imprimés, de lettres ou notes manuscrites quelconques ayant le caractère de correspondance personnelle et actuelle.

La limite de poids des envois d'imprimés est de 2 kilogrammes. Leurs dimensions ne doivent pas excéder 45 centimètres de côté et, s'ils sont roulés en tube, 75 centimètres de long sur 10 centimètres de diamètre.

Le port des paquets d'imprimés admis à jouir de la modération de taxe est fixé, dans le rayon général, à 2 kopecks par 20 grammes ou fraction de 20 grammes. Dans le rayon local (urbain), ce port est de 1 kopeck.

Les bandes contenant de vieux journaux soviétiques sont grevées de 50 % de la taxe dont sont passibles les imprimés sous bande.

Il est permis :

a) D'indiquer sur les imprimés les nom, prénom, qualité, profession et adresse de l'expéditeur ;

b) d'indiquer sur les cartes de visite et cartes de Noël et de nouvel an, le nom et l'adresse de l'expéditeur, les souhaits, remerciements, condoléances et autres formules de politesse n'excédant pas cinq mots, ainsi que les lettres initiales servant à désigner certaines fêtes, telles que N. A. (nouvel an) ;

c) d'indiquer ou de changer sur l'imprimé même, à la main ou par un moyen mécanique, la date d'expédition, la signature, les nom, profession et adresse de l'expéditeur ou du destinataire ;

d) de faire sur les épreuves d'imprimerie les annotations et corrections se rapportant tant au texte qu'à la confection de l'ouvrage et qui peuvent être mentionnées sur des feuilles y annexées ;

e) de faire des corrections, de biffer ou de souligner certaines parties du texte sur des imprimés autres que des épreuves ;

f) d'indiquer et de corriger à la plume ou par un moyen mécanique les chiffres sur les prix courants, annonces, cotes de bourse, circulaires et avis commerciaux ;

g) d'indiquer à la main sur les horaires, les heures et dates de départ et d'arrivée des bateaux, ainsi que leurs noms ;

h) d'indiquer sur les avis d'expédition de marchandises, la date manuscrite de l'expédition ;

i) de mentionner à la plume, sur des lettres d'invitation, le nom de l'invité, la date, le lieu et le motif de la réunion ;

j) d'ajouter une dédicace à la main sur les livres, publications périodiques, morceaux ou partitions de musique, photographies et gravures, et d'y joindre les pièces y relatives, telles que des factures ;

k) de faire les mentions indispensables, sur les bulletins de commande ou de souscription de livres, publications périodiques, partitions et gravures, ainsi que de biffer certains passages du texte imprimé ;

l) d'indiquer à la main ou par un autre moyen sur des coupures de journaux, la date, le numéro et le nom de la publication d'où ces coupures ont été extraites.

Papiers d'affaires. Sont considérés comme papiers d'affaires et jouissent comme tels d'une modération de port, tous les papiers et documents écrits ou dessinés en totalité ou en partie à la main, et qui ne revêtent pas le caractère de correspondance personnelle et actuelle, tels que lettres (non closes ou cachetées) et cartes postales anciennes ayant perdu leur caractère de correspondance, tous actes et documents de procédure ou notariés, plans cadastraux ou de bornage, lettres de voiture et connaissements, factures, documents divers de compagnies d'assurances, copies et extraits d'actes sous seing privé sur papier libre ou timbré, partitions et pages de musique manuscrites, manuscrits expédiés séparément et devoirs d'élèves, corrigés ou non, mais sans appréciation sur la valeur du travail.

Les envois de papiers d'affaires sont soumis aux mêmes dispositions que les imprimés, en ce qui concerne le conditionnement et les limites de poids et de dimensions.

La taxe des paquets contenant des papiers d'affaires est fixée à 4 kopecks pour le régime général et 2 kopecks pour le régime local, par 50 grammes, avec minimum de 5 kopecks dans le régime général et de 3 kopecks dans le régime local.

Les envois insuffisamment affranchis sont taxés jusqu'à couvrir leur recommandation.

Échantillons. Sont considérés comme échantillons de marchandises et admis à jouir de la modération de port les objets n'ayant aucune valeur commerciale, tels que fragments ou pièces disparates d'une marchandise quelconque, objets détériorés ne pouvant servir qu'à donner une idée de la façon ou de l'espèce des mêmes objets complets et intacts, morceaux d'étoffes, échantillons de graines, semences, moutures, poudres, liquides, etc., en quantités insignifiantes qui ne puissent les faire considérer comme envois de marchandises.

Le tarif des envois d'échantillons est le même que celui des papiers d'affaires, à cette exception près que le minimum de la taxe est de 9 kopecks dans le rayon général et de 4 kopecks dans le rayon local.

La limite de poids de cette catégorie d'envois est de 350 grammes ; leurs dimensions ne doivent pas dépasser 30 centimètres de long sur 20 centimètres de large et 10 centimètres de haut ; et pour les envois roulés en tube, 30 centimètres de long sur 15 centimètres de diamètre.

Les échantillons doivent être insérés dans des sacs, boîtes, étuis, sous bande mobile ou enveloppe ouverte, de manière à rendre facile la vérification de leur contenu.

Est tolérée sur la suscription des envois d'échantillons de marchandises l'indication manuscrite du nom et de la raison sociale de l'expéditeur, ainsi que les marques de fabrique ou de commerce, numéros d'ordre, prix, indications de poids, dimensions et volume des marchandises, les quantités de ces dernières dont dispose l'expéditeur, ou toutes indications servant à déterminer l'origine et la nature des marchandises.

Les objets en verre doivent être soigneusement emballés dans des boîtes en métal ou en bois, afin de prévenir toute possibilité de détérioration des autres envois postaux et tout danger pour le personnel.

Les liquides, huiles et corps facilement liquéfiables doivent être insérés dans des récipients en verre bouchés hermétiquement. Ceux-ci doivent être emballés séparément, chacun soit dans une boîte en métal ou en bois garnie de sciure, de coton ou de matière spongieuse en quantité suffisante pour absorber le liquide du récipient en cas de détérioration de ce dernier, soit dans un bloc en bois perforé ayant une épaisseur minimum de 2 centimètres 1/2, et où le récipient est entouré d'une matière spongieuse pouvant absorber le liquide ; l'enveloppe extérieure doit, dans les deux cas, être munie d'un couvercle facile à enlever pour la vérification du contenu.

Les corps gras difficilement liquéfiables, tels que savons, pommades, onguents, etc., doivent être placés dans des boîtes, dans des sacs de grosse toile ou dans du papier parchemin et renfermés ensuite dans des boîtes de métal ou de bois ou dans des enveloppes de cuir épais.

Les poudres colorantes doivent être enfermées dans du cuir, de la toile cirée ou du papier huilé épais ; les poudres non colorantes, dans des boîtes de métal ou de bois, recouvertes d'un sac de grosse toile ou enveloppées de parchemin.

Les matières facilement inflammables ou explosibles sont, ainsi que les poisons, exclues du transport par la poste aux lettres.

Objets recommandés. La recommandation s'applique aux lettres, cartes postales et autres objets de correspondance. L'affranchissement en est obligatoire. Le droit fixe de recommandation est de 7 kopecks.

La suscription de l'objet recommandé doit être lisible, exacte et détaillée, écrite à l'encre sans ratures, corrections, ni surcharges.

Les objets recommandés doivent être déposés au guichet de la poste ; toutefois, un objet recommandé retiré d'une boîte postale est traité comme tel si la valeur des timbres-poste appliqués représente l'affranchissement et le droit fixe de recommandation.

Il n'est dû aucune indemnité pour retard ou avarie de l'objet recommandé, mais en cas de perte l'Administration postale est tenue de payer à l'expéditeur une indemnité de 5 roubles.

Timbres-poste. L'Office des postes émet :

des timbres-poste de 1 kopeck, 2, 3, 4, 5, 6, 7, 8, 9, 10, 20, 30, 40 et 50 kopecks, 1 rouble, 2, 3 et 5 roubles ;

des timbres-poste affectés au service aérien de 5, 10, 15 et 20 kopecks ;

des chiffres-taxes de 1, 3, 5, 10, 12, 32 et 40 kopecks ;

des cartes postales simples de 3 kopecks et des cartes postales avec réponse payée de 6 kopecks.

III. VALEURS DÉCLARÉES

Les lettres de valeur peuvent être présentées au guichet cachetées ou ouvertes, afin que, dans ce dernier cas, le contenu puisse en être vérifié au moment du dépôt, d'où les dénominations de lettres avec valeur déclarée « closes » et « non closes ».

Les lettres avec valeur déclarée sont utilisées pour des envois :

a) d'argent en billets de banque et espèces métalliques ayant cours en U.R.S.S. ;

b) de devises étrangères au montant maximum de 50.000 roubles par envoi, aussi bien en papier-monnaie qu'en espèces métalliques, lesquelles ne peuvent consister en plus de trois pièces de monnaie, à moins d'être envoyées sous forme de colis de numéraire ;

c) de devises soviétiques n'ayant plus cours, ainsi que d'autres devises et bons formant collection ;

d) de papiers-documents et objets présentant de la valeur pour l'expéditeur.

Les envois d'espèces ayant cours en U.R.S.S. ne sont admis que sous lettres de valeur non closes.

Les lettres de valeur déclarée closes peuvent contenir, outre les valeurs qui en font l'objet, des correspondances, papiers et objets divers. Aucun objet sous pli fermé ne peut être inséré dans les lettres de valeur déclarée non closes.

La valeur déclarée des lettres avec insertion de devises ayant cours en U.R.S.S. doit correspondre à la valeur nominale de ces devises ; la valeur des lettres contenant des devises étrangères est déterminée par la cote du jour précédant celui du dépôt. Pour tous les envois autres que les envois en numéraire, la valeur peut être indiquée au gré de l'envoyeur sans toutefois qu'elle dépasse la valeur effective du contenu ; s'il s'agit d'objets n'ayant pas de valeur marchande, la déclaration de valeur ne doit pas excéder le montant du dommage pouvant être causé par la perte totale ou partielle ou l'avarie de l'objet expédié.

Le poids maximum des lettres avec valeur déclarée est de 8 kilogrammes dans le service général interne et de 400 grammes dans le service local (urbain).

L'enveloppe de la lettre de valeur déclarée doit être confectionnée, selon sa dimension et son poids, en papier fort, tissu, toile cirée ou peau de nuances claires. Si l'envoi pèse plus de 2 kg. 500 gr., l'enveloppe doit être en tissu résistant, en peau ou en toile cirée ; si le poids est inférieur à 2 kg. 500 gr., elle peut être en papier, mais doublée de toile ; enfin s'il n'excède pas 400 gr., il peut être fait usage d'une enveloppe en papier.

Les enveloppes de tissu, de peau ou de toile cirée doivent être cousues avec une seule espèce de fil ; pour les colis de numéraire, il est indispensable que leur enveloppe soit entourée d'une croisé de ficelle muni d'un nœud ; les extrémités de la ficelle doivent être scellées au moyen du cachet du bureau de poste expéditeur.

Si le contenu est emballé dans une caissette, une boîte, etc., son enveloppe extérieure doit être obligatoirement en tissu, peau ou toile cirée.

En général, toute lettre de valeur déclarée doit être conditionnée de manière qu'il soit impossible d'atteindre son contenu sans endommager de manière évidente son enveloppe extérieure et son cachet.

Le côté adresse de la lettre de valeur doit porter en toutes lettres, et répétée en chiffres, l'indication du montant de la valeur.

Dépôt. Toute lettre de valeur déclarée non close doit contenir un bordereau énonçant le numéraire et les objets qui sont compris dans l'envoi et être assurée. Le bordereau doit être rédigé en russe, écrit de manière lisible et signé par l'expéditeur ; il doit indiquer séparément et par espèce le nombre exact des objets ou valeurs assurés, ainsi que leur valeur respective et le total de ces valeurs.

Ce total est inscrit en chiffres et répété en toutes lettres. Aucune correction, surcharge, ni rature n'est admise. Le bordereau ne doit faire mention d'aucun objet non assuré qui serait inséré dans l'envoi.

Si une lettre non close ne contient pas d'autres valeurs que du numéraire ayant cours en U. R. S. S., il n'est pas exigé de bordereau.

Si l'expéditeur désire conserver copie du bordereau des valeurs transmises, il doit présenter deux exemplaires dudit bordereau, rédigés sur la même feuille, en regard l'un de l'autre et écrits de la même main.

Lors du dépôt à la poste d'une lettre non close de valeur déclarée, les valeurs y contenues sont vérifiées d'après le bordereau qui y est joint en présence de l'expéditeur, par l'agent préposé ; le bordereau est frappé du timbre à date du bureau de poste, lequel timbre fait foi de la vérification. Après quoi, le bordereau et les autres pièces faisant partie de l'envoi sont remis dans l'enveloppe, sur laquelle l'agent préposé appose sa signature.

La lettre de valeur déclarée non close est scellée, sur les plis de son enveloppe, de cachets de cire portant l'empreinte du sceau du bureau de poste. Ces cachets doivent être en nombre suffisant pour assurer l'intégrité du contenu et variable suivant la dimension et la forme des plis à retenir ; ils ne peuvent toutefois être inférieurs à deux. Si l'envoi n'est frappé que de deux cachets, ces derniers doivent être du plus grand modèle ; s'il y en a trois et plus, l'un d'eux au moins doit être du plus grand modèle.

Pour l'apposition de ces cachets, il est perçu une taxe de 2 kopecks par cachet.

Une lettre de valeur remise close à la poste doit porter au moins cinq cachets reproduisant l'empreinte du sceau de l'expéditeur, qui doit présenter un signe distinctif ou une figure (armoiries, initiales, marque de fabrique, raison sociale). Les empreintes obtenues au moyen de pièces de monnaie, boutons et autres objets d'un emploi général, ne sont pas admises. Elle doit, en outre, être accompagnée d'un papier portant un cachet reproduisant la même empreinte que celle des cachets de la lettre et donnant l'adresse de l'expéditeur ainsi que celle du destinataire. Toutes les inscriptions faites sur ce papier doivent être de la même écriture et de la même encre que celles de la lettre elle-même. Le récépissé est gratuit.

Les destinataires ou leurs fondés de pouvoirs donnent quittance de l'envoi sur l'avis spécial afférent à cet envoi qui leur a été délivré sans frais à domicile et dont ils ont pris livraison après vérification du contenu en présence de l'agent.

Responsabilité. En cas de perte totale ou partielle, l'Administration est responsable de la valeur perdue jusqu'à concurrence de la somme assurée.

L'indemnité, pour les lettres de valeur égarées ou spoliées en tout ou partie, peut être réclamée dans un délai d'un an, à compter de la date du dépôt.

IV. COLIS POSTAUX

[...] d'expédier par colis postal des espèces [...] matières explosibles ou inflammables, [...] médicaments dangereux, des boissons [d]ont le degré dépasse celui légal, des objets [...] les règlements de douane.

[...] admis conditionnellement les liquides et corps [...] emballés, ainsi que les armes à feu couvertes [d'au]torisation spéciale.

[...] colis peuvent être :

Des colis ordinaires, pesant de 400 à 1000 grammes [mesu]rant au maximum $40 \times 20 \times 15$ centimètres. [Ils] sont passibles d'un droit de 20 kopecks par colis, [dans le] régime urbain, et de 35 kopecks dans le régime [...]

[La] recommandation, la déclaration de valeur, [l']contre remboursement, les avis de réception, le [...] réclamation ne sont pas admis.

[Les] colis ordinaires sont transportés et distribués [de la] même façon que les autres correspondances ordi[naires.] Leur dépôt et leur livraison sont effectués sans [formalité.] Ils n'exigent pas de bulletin d'expédition.

Des colis sans valeur, pesant jusqu'à 25 kilo[gram]mes ou même, surtaxés, jusqu'à 35 kilogrammes. [Les] taxes sont réparties par distances et poids en [...] et vont de 1,5 à 60 kopecks par kg. sans pouvoir [être in]férieures à 25 kopecks. Un droit supplémentaire [...] pour le transport par routes.

[Le] bulletin d'expédition est obligatoire. Le dépôt [et la liv]raison exigent des récépissés.

[Son]t admis : l'envoi contre remboursement, le [...] l'abandon, la modification d'adresse, la recom[mandat]ion, les avis de réception, le retour, la récla[mation,] etc.

[Les] colis sans valeur peuvent être co-inscrits au [nombre] de 20 sur un même bulletin d'expédition, auquel [cas la su]rtaxe de leur transport par courrier terrestre [est 20] % plus élevée que celle des colis isolés.

La remise à domicile [donne lieu à un droit addition]nel de 25 à 50 kopecks, selon [...]

L'emballage des colis trans[portés par chemin de] fer et d'un poids ne dépassant [...] être en papier fort ou en carton. [L'emballage] d'un poids plus élevé ou transporta[ble par voies] terrestres doit être plus résistant [...] caisse de bois, etc.

Pour un envoi contre remboursement [il est perçu] 2 % du montant du remboursement, [par minimum] 20 kopecks. Limite de remboursement [...]

3° *Des colis avec valeur déclarée*, passibles [, outre] la taxe ordinaire au poids, d'un droit d'assurance [variant] selon la distance, de 0,4 à 2 % du montant, avec un droit minimum de 20 kopecks. Limite de déclaration 50.000 roubles.

Ces colis doivent être ficelés, cachetés et emballés efficacement. Quant au reste, ils sont soumis à toutes les règles imposées aux colis sans valeur.

Les colis peuvent être déposés et remis ouverts pour vérification du contenu d'après le bordereau ; en ce cas un droit additionnel est perçu : jusqu'à 10 kg. 20 kopecks ; au-dessus, 30 kopecks.

Les colis peuvent être présentés au guichet totalement dépourvus d'emballage, auquel cas ils sont expédiés dans des sacs loués par l'Office pour une somme de 50 kopecks par colis, et grevés, en outre, de la taxe de vérification ci-dessus indiquée.

Les colis ouverts peuvent être déposés grâce sous affranchissement des droits par le destinataire avec surtaxe de 1 % par jour de consigne au bureau d'arrivée.

Les colis urgents sans valeur dont le poids ne dépasse pas 2,5 kg. sont transmis avec la poste aux lettres contre un droit de 2 roubles 25 kopecks jusqu'à 2000 km. et de 3,50 au delà.

V. MANDATS-POSTE

[...] des mandats de poste et des mandats télé[graphiques.] Leur montant n'est pas limité. Des formules [sont] établies qui ne sont obligatoires ni [pour les rédac]tions de journaux, ni pour la Banque [... Les for]mules sont munies d'un coupon déta[chable sur lequel l']expéditeur peut ajouter ses commu[nications au bé]néficiaire. L'affranchissement est [fait moyenn]ant application de timbres-poste sur [... La tax]e est de 0,2 à 1 % du montant de l'envoi ; minimum, 15 kopecks. Les mandats télégra[phiques] sont passibles, outre les droits précités, de la taxe télégraphique : de 20 mots, pour les envois de 500 roubles et au-dessous ; de 25 mots au-dessus.

Les mandats télégraphiques urgents sont taxés au triple des mandats ordinaires. Les brèves correspon[dances] télégraphiques admises après le mandat sont gre[vées] du double de la taxe ordinaire.

Sont admis : la réexpédition, la modification

d'adresse, le retour, l'avis de réception. Pour la réexpédition et le retour des mandats de poste, il est perçu un droit additionnel équivalant, dans la zone de l'expédition, à 50 °/o de la taxe primitive, et dans toute autre zone, à la différence qui existe entre les tarifs des 2 zones ;

le retour du lieu de réexpédition est grevé de 50 °/o de la taxe perçue pour l'expédition à la même distance.

Les mandats de poste urgents sont transmis à toute distance ; taxe : 2 °/o du montant ; minimum : 1 rouble.

VI. DISPOSITIONS GÉNÉRALES

Remboursement. Peuvent être grevés de remboursement les envois recommandés (lettres, cartes postales, envois sous bande), les lettres avec valeur déclarée et les colis.

Ces envois doivent porter l'indication du montant à rembourser, en chiffres et en toutes lettres, ainsi que l'adresse de l'expéditeur, pour transmission du remboursement.

En sus du port ordinaire, il est perçu une taxe égale à 2 °/o du montant ; minimum : 20 kopecks.

Envois exprès. La correspondance expresse est acceptée par tous les bureaux moyennant affranchissement par timbres-poste d'un droit spécial acquitté en sus de la taxe normale.

Sont admis à la remise par exprès tous envois ne dépassant pas le poids de 4 kg., ni les dimensions de 70 cm. en longueur sur 50 cm. de côté et dont la valeur n'est pas supérieure à 1500 roubles. Ils doivent porter la mention « exprès ».

Le droit spécial (30 kopecks au minimum dans le rayon local et 70 kopecks dans le rayon général) est respectivement de 10 et 20 kopecks par 20 grammes pour les lettres et les cartes postales, et de 5 et 10 kopecks pour les envois sous bande.

Pour les lettres de valeur, il est perçu 1 1/2 et 3 °/o du montant (minimum 30 et 70 kop.) ; pour les remboursements, 2 °/o du montant (minimum 20 kop.).

Pour les envois distribuables dans une localité dépourvue de bureau de poste, il est perçu un droit supplémentaire de 15 kop. par kilomètre que l'agent distributeur doit parcourir en vue de remise (minimum 45 kop.).

Poste restante. Les correspondances adressées poste restante sont conservées au bureau de destination jusqu'à réclamation ou pendant un mois au plus à compter du jour de leur arrivée ; ce délai écoulé, elles sont traitées comme les correspondances tombées en rebut. Elles ne sont pas distribuées à domicile.

Franchise de port. Ne jouissent de la franchise postale que les institutions et particuliers qui ont reçu à cet effet des autorisations officielles.

Avis de réception. L'expéditeur peut exiger un avis de réception. Il en remplit la formule qui est collée à l'envoi et il paie pour un envoi simple 7 kopecks et pour un envoi recommandé 14 kopecks. L'envoi doit porter sur le côté de l'adresse la mention « AR ». Lors de la livraison, le destinataire doit apposer sa signature sur la formule, qui, ainsi contresignée, est renvoyée à l'expéditeur.

Distribution. La distribution à domicile par facteurs postaux est gratuite ; cependant, les lettres avec valeur déclarée, les mandats-poste et les envois contre remboursement sont passibles d'un droit spécial de 3 à 90 kopecks et les colis de valeur de 3 à 45 kopecks, suivant leur montant ; le maximum admis pour les envois distribuables à domicile est de 500 roubles.

La correspondance expresse, les objets recommandés, les lettres de valeur, les mandats-poste et les envois contre remboursement sont délivrés sous signature du destinataire ou de son fondé de pouvoirs.

Distribution aux bureaux destinataires. Dans les localités où la distribution à domicile fait défaut, la correspondance peut être retirée au bureau même, gratuitement.

Certains bureaux possèdent des casiers fermant à clef. Les intéressés peuvent s'abonner à leur usage moyennant 1, 2 ou 3 roubles par an, suivant l'importance de la ville où est sis le bureau.

Réexpédition. Il n'est perçu aucun supplément pour la réexpédition des envois ordinaires, exprès et recommandés, s'ils sont dûment affranchis, hormis le cas où une correspondance locale doit être réexpédiée dans le rayon général et où il est perçu un droit équivalant à la différence des taxes locale et générale.

Les lettres de valeur sont réexpédiées contre payement de 50 °/o des droits dont elles ont été grevées et, en plus, si la distance dépasse celle acquittée par le droit d'assurance, de toute la différence d'affranchissement qui en résulte.

Le renvoi à l'expéditeur des lettres avec valeur déclarée est remboursé par lui à raison de 50 °/o des droits originaux, plus le droit de réexpédition, si elle a été effectuée.

Rebuts. Les envois ne donnant lieu ni au retour immédiat au timbre d'origine, ni à la réexpédition sont conservés au bureau destinataire pendant deux mois à partir de la date de leur réception. A l'expiration de ce délai, ceux qui n'ont pu être délivrés sont retournés au bureau d'origine. Toutefois, si l'expéditeur a mentionné sur l'envoi un délai de retour inférieur à deux mois, il est tenu compte de l'indication pour opérer ce retour dans la limite ainsi fixée.

Les objets recommandés non distribués, aussi bien que les objets ordinaires munis de l'adresse de l'expéditeur, sont renvoyés aux bureaux d'origine sans perception, de ce chef, d'aucun supplément de taxe.

MODIFICATIONS A APPORTER AU RECUEIL

(ÉDITION DE MAI 1923).

Page 219, rubrique Esthonie, chapitre II, 1re col., remplacer l'alinéa « Distribution, A. Envois exprès », par les indications suivantes :

Distribution. A. Envois exprès. Sont remis à domicile par exprès les envois postaux de tout genre (sauf les mandats de poste) lorsque la demande en a été faite par les expéditeurs par l'indication apparente sur l'envoi du mot « Exprès » et lorsque la taxe d'exprès suivante a été acquittée en timbres-poste en plus de la taxe postale ordinaire :

40 marke sthoniens pour tout envoi exprès dont le destinataire demeure dans les limites du rayon de la distribution gratuite par des facteurs ;

15 mark esthoniens pour chaque envoi et pour chaque kilomètre en dehors du rayon de distribution gratuite. Ce droit est limité au minimum de 75 mark esthoniens et peut, le cas échéant, être perçu sur le destinataire, déduction faite du droit acquitté par l'expéditeur.

Les envois de la poste aux lettres portant la mention « Exprès », qui ne sont pas revêtus de timbres-poste représentant la valeur égale à celle du total de la taxe postale normale et du droit spécial (40 mark) sont distribués comme des envois ordinaires. Les envois de la poste aux lettres ordinaires et recommandés à livrer par exprès peuvent être jetés à la boîte. Les lettres avec valeur déclarée doivent être présentées au guichet.

La distribution d'envois exprès à domicile n'est effectuée que par les bureaux de poste, les agences postales ne participant pas au service de la distribution par exprès. La remise à domicile d'envois exprès n'a pas lieu : 1º pendant les heures de nuit, c'est-à-dire pendant la période comprise entre 8 h. du soir et 8 h. du matin ; 2º lorsque le colis postal adressé à un endroit en deçà des limites du rayon de la distribution gratuite dépasse le poids de 5 kilogrammes ; 3º pour les lettres avec valeur déclarée, lorsque le montant de cette valeur dépasse 10.000 marks esthoniens.

Dans les cas mentionnés sous les chiffres 2º et 3º, un avis d'arrivée est remis à domicile par exprès.

Page 247, rubrique France, chapitre I, 2e colonne, supprimer, dans l'énumération des bureaux français à l'étranger « Constantinople », « Smyrne (Turquie) » et « Tanger (Maroc) ».

Page 420, titre Poste aux lettres, remplacer le premier alinéa par le suivant : La taxe interne des lettres et des cartes-lettres est de 1 penny pour la première once et de 1/2 penny pour chaque once en sus.

Au 4e alinéa (lettres dites de retard), remplacer la taxe de 2 pence par 1 penny.

Page 421, rubrique Cartes postales, remplacer les taxes de 1 1/2 et 3 pence par 1/2 penny et 1 penny.

Page 422, rubrique Papiers d'affaires, 2e alinéa, lire « La taxe interne est de 1/2 penny pour chaque poids de 2 onces ou fraction jusqu'au poids de 2 livres » (le reste sans changement).

Rubrique Imprimés (y compris les livres), lire « La taxe des imprimés, non compris les journaux, est de 1/2 penny par 2 onces ou fraction jusqu'au poids de 2 livres » (le reste sans changement).

Page 423, rubrique Échantillons de marchandises, lire « Les taxes internes des échantillons sont de 1/2 penny pour chaque poids de 2 onces ou fraction jusqu'à 2 livres » (le reste sans changement).

Rubrique Revues, remplacer le 1er alinéa par le suivant : La taxe des revues enregistrées est, pour chaque exemplaire, de 1 penny par 8 onces ou fraction de 8 onces.

Rubrique Journaux, remplacer la taxe de 1 penny par celle de 1/2 penny.